Responsabilidad Social Corporativa

ADGG072PO Administración y gestión

EF/ADGG072PO/MAYO/25

Anagrama «LUCHA CONTRA LA PIRATERÍA», propiedad de Unión Internacional de Escritores.

CONSEJO DE REDACCIÓN

Rogelio Carrasco Crujera
Iván Ríos Gómez

MAQUETACIÓN

Verónica Seoane López

ILUSTRACIÓN DE CUBIERTA

Ignacio Velasco Marugán

© Centro de Estudios ADAMS. Ediciones Valbuena
C/ Narciso Serra, 14
28007 Madrid
adamsediciones@adams.es
www.adams.es

ISBN: 978-84-1077-448-3
Depósito legal: M-12841-2025
Editado en mayo de 2025
Imprime: Ediciones Valbuena, S.A.
Impreso en España. Printed in Spain

Presentación

Comprometidos por ofrecer una propuesta formativa ajustada a las necesidades de la sociedad y del mercado de trabajo, Ediciones Valbuena presenta este manual para la Especialidad formativa de **Responsabilidad Social Corporativa**, perteneciente a la Familia profesional de **Administración y Gestión**.

Esta **Especialidad Formativa**, con una duración asociada de 30 horas, se integra en el Catálogo de especialidades con el código ADGG072PO.

En la elaboración de los contenidos hemos pretendido integrar la política de responsabilidad social de las empresas como un ámbito de intervención sindical, así como adquirir conocimientos de los criterios de intervención en la política de responsabilidad social y los principales estándares para la elaboración de memorias de sostenibilidad en las empresas, planteando un enfoque sindical de la RSE que pueda permitir avanzar en el establecimiento de regulaciones dirigidas a lograr el cumplimiento de derechos laborales, sociales, especialmente en aquellas situaciones en las que se da una mayor desprotección, e intentar establecer los límites entre la negociación colectiva y la RSE

En nuestra página web **www.edicionesvalbuena.es** estarás al día de todo en cuanto a información sobre cursos, productos y servicios se refiere, además tendrás la opción de dirigirnos cualquier consulta o sugerencia.

Esperando haber cumplido el objetivo propuesto, te expresamos nuestros mejores deseos de éxito.

Ediciones Valbuena

Índice

ICONOS DE INFORMACIÓN

Recuerda

Definición

Ejemplo

Nota

Importante

Más información

Resumen

Lectura recomendada

Vocabulario

Audios

Actividad

Marco legal

UNIDAD DIDÁCTICA 1

Introducción a la Responsabilidad Social Corporativa

Contenido & Objetivos

Introducción

1. Introducción a la Responsabilidad Social Corporativa

2. Antecedentes

3. Áreas básicas de la RSE

4. Definir los objetivos estratégicos de la empresa

Los **objetivos** de esta unidad son:

1. Aproximarnos a una definición de la Responsabilidad Social Corporativa.

2. Establecer las fuentes del concepto de Responsabilidad Social Corporativa.

3. Conocer las particularidades de la Responsabilidad Social Corporativa en el ámbito nacional y europeo.

4. Delimitar las principales áreas de interés de la Responsabilidad Social Corporativa.

Introducción

En esta Unidad vamos a indagar en las fuentes del concepto Responsabilidad Social Corporativa. Veremos la génesis del concepto y cómo este se instaura en los ámbitos europeo y nacional.

Asimismo, veremos cómo aplicar la Responsabilidad Social Corporativa a la estrategia empresarial, y cómo esta ayuda a definir los objetivos estratégicos de la empresa.

1. Introducción a la Responsabilidad Social Corporativa

Entre las muchas definiciones que existen, podemos hacer una primera definición de la **Responsabilidad Social Corporativa (RSC)** como la forma de conducir las actividades empresariales que se caracteriza por tener en cuenta el impacto de sus acciones sobre sus clientes, empleados, accionistas, comunidades locales, medioambiente y sobre la sociedad en general.

La RSC implica, por lo tanto, el cumplimiento obligatorio de la legislación nacional e internacional en el ámbito social, laboral, medioambiental y de Derechos Humanos, pero también cualquier otra acción voluntaria que la empresa quiera emprender para mejorar la calidad de vida de sus empleados, las comunidades en las que opera y de la sociedad en su conjunto.

El "Informe de la Subcomisión Parlamentaria para promover la RSE"* define en los términos descritos la responsabilidad social de la empresa: "La responsabilidad social de la empresa es, además del cumplimiento estricto de las obligaciones legales vigentes, la integración voluntaria por parte de la empresa, en su gobierno y gestión, en su estrategia, políticas y procedimientos, de las preocupaciones sociales, laborales, ambientales y de respeto a los derechos humanos que surgen de la relación y el diálogo transparente con sus grupos de interés, responsabilizándose así de las consecuencias y de los impactos que derivan de sus acciones".

Este informe sirvió de base a la Estrategia Española de Responsabilidad Social de las Empresas 2014-2020, último documento gubernamental de referencia a nivel estatal en la materia de este curso.

 Las empresas son agentes sociales que desempeñan un papel muy relevante en la sociedad en la que se insertan. Las economías más avanzadas y con mayores niveles de bienestar son aquellas que cuentan con un sector empresarial más dinámico, moderno y con modelos de gestión más sostenibles. Estos modelos de gestión responsables, que han acabado constituyéndose en ventajas competitivas, no solo nacen por un impulso interno de las empresas, la ciudadanía-cliente viene determinando en las últimas décadas que el éxito empresarial descansa en la reputación y la capacidad de construir una estructura de relaciones que estimule la confianza de empleados, clientes, accionistas, proveedores y, en definitiva, de toda la sociedad en la que se encuentran inmersas.

Las anteriores son cuestiones que forman parte de la misión de la responsabilidad social empresarial y en las que se va a profundizar en este curso.

2. Antecedentes

2.1. La génesis del concepto de RSC

Aunque la Responsabilidad Social Corporativa es una noción cuyo desarrollo es contemporáneo, señalaremos a continuación una serie de autores que muchos consideran como las fuentes doctrinales del concepto objeto de este curso:

Adam Smith, en *La riqueza de las naciones* (1776) introduce el concepto de la "mano invisible" que hace coincidir la búsqueda del interés individual con el beneficio de toda la sociedad, es decir, que las empresas no tienen la necesidad de sumar a sus objetivos particulares la contribución con el desarrollo social, ya que este fin se logra a través de los mecanismos del mercado, recurriendo a la intervención del Estado únicamente cuando dichos mecanismos fallen.

De forma más reciente, **Andrew Carnegie** en *El evangelio de la riqueza* (1889) cree en una empresa con un rol filantrópico, que contribuye al bien común y a las necesidades sociales mediante donaciones voluntarias y acciones de carácter caritativo.

Pero el verdadero "padre de la RSC" es **Howard Bowen**, ganador de ese apodo a mediados del siglo XX., al definirla como *"las obligaciones de los empresarios para impulsar políticas corporativas para tomar decisiones o para seguir líneas de acción que son deseables en términos de los objetivos y valores de la sociedad"*. Encontramos aquí uno de los aspectos centrales del concepto de RSC: la incorporación de los intereses sociales en las metas y resultados a alcanzar, que se traducen en las contribuciones que cada organización puede realizar a la solución de las necesidades de la sociedad.

En la década de los 60 del siglo XX, la RSC crece rápidamente, apoyada por la aparición de los movimientos sociales en los campos de los derechos civiles: derechos de las mujeres, de los consumidores, la conservación del medioambiente... Con la crisis del petróleo en los años 70 se deja de pensar en el Estado como único administrador social y se comienza a defender la contribución al bienestar y a la calidad de vida como meta de todas las instituciones sociales. Hacia finales de la década de los 90, la RSC comenzó a ser sancionada y promovida por los Gobiernos, las empresas, las ONG y los consumidores individuales. La RSC adquiere un auge y relevancia mayor, debido a los efectos que van alcanzando los riesgos de la globalización y la transnacionalización empresarial, reflejados en diferentes escándalos financieros, sociales o medioambientales.

2.2. La RSC en el ámbito europeo

Con el *Libro Verde sobre la Responsabilidad Social de las Empresas* de 2001, se inició el debate institucional europeo en esta materia. Desde entonces, y hasta octubre del año 2011, cuando la Comisión Europea presenta la *Estrategia Renovada de la Unión Europea sobre Responsabilidad Social de las Empresas*, la RSE fue ganando progresivamente más protagonismo en la agenda de prioridades europeas. Prueba de ello fueron la Estrategia Europa 2020 y la Resolución del Parlamento Europeo, de 6 de febrero de 2013, sobre responsabilidad social de las empresas: comportamiento responsable y transparente de las empresas y crecimiento sostenible.

La estrategia europea de 2011 introduce una nueva definición de responsabilidad social empresarial, que relaciona la responsabilidad de las empresas "por sus impactos en la sociedad". Además, resalta la conveniencia de que las compañías tengan en cuenta en su estrategia y operaciones las expectativas de los grupos de interés para maximizar su capacidad de crear valor para el conjunto de la sociedad.

La definición aclara que el cumplimiento de la legislación y de los convenios colectivos es un *requisito previo* a la responsabilidad social empresarial. También incide en que una verdadera responsabilidad empresarial debe integrar preocupaciones sociales, medioambientales y éticas, el respeto de los derechos humanos y las opiniones de los consumidores. Todo ello con el objetivo de:

▶ Maximizar la creación de valor compartido para sus propietarios/accionistas y para las demás partes interesadas, comprendiendo la sociedad en sentido amplio.

▶ Identificar, prevenir y atenuar sus posibles consecuencias adversas.

Por último, es preciso destacar la Directiva del Parlamento Europeo y del Consejo que modifica la Directiva 2014/95/UE sobre información no financiera e información sobre diversidad por parte de grandes empresas y grupos. La divulgación de esta información resulta esencial para la transición hacia una economía sostenible.

Esta directiva fue completada con las Directrices sobre la presentación de informes no financieros de la Comisión UE que se publicaron en 2017. En 2019, la Comisión Europea publicó el Suplemento sobre información no financiera relacionada con el clima que complementaba las Directrices de 2017. Las Directrices de 2019 integran las recomendaciones del Grupo de Trabajo sobre Información Financiera Relacionada con el Clima (TCFD) y proporcionan orientación a las empresas sobre cómo informar sobre los impactos de su negocio en el clima y sobre los impactos del cambio climático en su negocio.

Asimismo, destaca la Taxonomía para actividades económicas medioambientalmente sostenibles. La taxonomía es un sistema de clasificación que proporciona a las empresas, los inversores y a todos los actores del sector económico criterios para que determinadas actividades económicas puedan considerarse sostenibles para el medioambiente.

2.3. La RSC en España

La adopción de la RSC entre las compañías españolas tiene ejemplos destacables, destacando el elevado número de empresas que han suscrito los principios del Pacto Mundial apoyado por Naciones Unidas con respecto a otros países.

Es destacable también la evolución positiva que ha tenido entre las empresas españolas el informar sobre los estándares internacionales de transparencia y reporte. En 2002 existían siete organizaciones españolas haciendo uso del marco de Global Reporting Initiative (GRI) para la elaboración de informes anuales RSE. En 2012 ya eran 180.

Las grandes empresas de nuestro país también han ocupado –y ocupan– puestos destacados en el ranking de aquellos índices que valoran el desempeño en materia de sostenibilidad, llegando incluso a liderar en ocasiones el ranking mundial de su sector. En esta línea, cabe destacar el Dow Jones Sustainability Index (DJSI) y el FTSE4Good Index.

Las pymes también han apostado en España por profundizar en la RSC; y se han creado también organizaciones de promoción de la RSC de referencia, mientras que los sindicatos, ONG, medios de comunicación, administraciones públicas y universidades han contribuido a su promoción y desarrollo. Veremos en epígrafes posteriores del curso cada uno de estos aspectos.

3. Áreas básicas de la RSE

La RSC (también llamada RSE, Responsabilidad Social Empresarial) es un concepto multidisciplinar, que afecta a distintos ámbitos de gestión de la empresa, aunque incide especialmente en los que destacamos a continuación. En este apartado nos limitaremos a dar unas ideas básicas sobre dichos ámbitos, dejando su análisis detallado para epígrafes posteriores del curso.

▶ **Derechos Humanos:** muchos no recuerdan que en el preámbulo de la Declaración Universal de Derechos Humanos se establece que las empresas tienen la obligación de observar, respetar y promover los Derechos Humanos.

Las empresas, como parte integrante de la sociedad, están obligadas a cumplir la normativa internacional en materia de Derechos Humanos y promover sus valores allí donde actúen.

▶ **Derechos laborales:** la Organización Internacional del Trabajo (OIT) posee más de doscientas convenciones en esta materia. Ocho de ellas especifican los cuatro derechos fundamentales de los trabajadores: libertad de asociación, prohibición del trabajo forzoso, prohibición del trabajo infantil y no discriminación.

En la Declaración Tripartita de Principios sobre Empresas Multinacionales y Política Social, así como en las Directrices de la OCDE para Empresas Multinacionales, se incluyen importantes aspectos sobre políticas de empleo en general, como la formación del personal, la gestión de quejas de empleados y la negociación colectiva, entre otros.

▶ **Medioambiente:** la Agenda 2030 de la ONU para un desarrollo sostenible recoge una preocupación que en las últimas décadas se ha tornado protagonista en todas las agendas políticas y empresariales de nuestro planeta.

Anteriormente, ya existían importantes tratados y convenciones que especifican la responsabilidad de las empresas respecto a los efectos que tienen sus procesos, productos y servicios en la calidad del aire, del agua, en el clima y en la biodiversidad. A modo de ejemplo, los principios generales sobre la preservación del medioambiente del Tratado Constitutivo de la Unión Europea y de la Declaración de Río de 1992: principios de cautela y de acción preventiva, el principio de corrección de los atentados al medioambiente y el principio de "quien contamina paga".

▶ **Lucha contra la corrupción** (http://www.transparencia.org.es/): a nivel internacional, la responsabilidad empresarial en este ámbito se encuentra recogida en el Convenio de la OCDE de lucha contra la corrupción de funcionarios públicos extranjeros en las transacciones comerciales internacionales, que establece como delito que las empresas sobornen a dichos funcionarios.

Por otro lado, relacionado con este aspecto, las empresas deberán tomar medidas relativas a la contabilidad, publicación de estados financieros y auditorías, con el fin de prohibir el establecimiento de cuentas fuera de libros, la realización de transacciones extracontables o insuficientemente identificadas, el registro de gastos inexistentes, la existencia de partidas con una incorrecta identificación de su objeto, así como la utilización de documentos falsos, con el fin de corromper a agentes públicos extranjeros o de ocultar dicha corrupción.

▶ **Otras áreas de la RSC:** tras lo dicho, entendemos mejor por qué la RSC es un concepto transversal, es decir, que se imbrica en los distintos ámbitos de la gestión de la empresa.

Existen, además de los citados, otros aspectos relacionados con la RSC que han sido recogidos en referencias internacionales, que aunque se encuentran aún en fase de discusión serán de gran importancia en la configuración de los modelos de gestión responsables y en las obligaciones que estos supondrán para las empresas, como son las derivadas del respeto a las leyes de la competencia, al pago de impuestos, a la transferencia tecnológica, y el respeto a la soberanía nacional en los países donde opera.

4. Definir los objetivos estratégicos de la empresa

Del análisis de los epígrafes anteriores se desprende una definición de la Responsabilidad Social Corporativa como un concepto de gestión empresarial motivado por satisfacer las preocupaciones sociales y medioambientales dentro de las actividades internas y comerciales de una compañía, así como en las interacciones con sus interlocutores y clientes.

Esta definición distingue entre una verdadera Responsabilidad Social Corporativa, como concepto estratégico de gestión empresarial, y la caridad, el patrocinio o la filantropía. Aunque estas últimas nociones también pueden aportar una valiosa contribución de la empresa a su entorno social, el concepto de Responsabilidad Social Corporativa va mucho más allá.

Promover que las empresas asuman plenamente la Responsabilidad Social Corporativa requiere de diferentes enfoques que se ajusten a las necesidades y capacidades de las mismas, y que a la vez sean compatibles con su viabilidad económica. Para esto es necesario contar con estrategias y herramientas de medición que permitan monitorear e informar sobre los resultados de las empresas en relación con el desempeño, con los resultados económicos y con las condiciones sociales así como medioambientales de gran impacto.

La Responsabilidad Social Corporativa busca alinear a las empresas con los Objetivos de Desarrollo Sostenible. Para esto la empresa debe ser financieramente estable, para poder minimizar, o idealmente eliminar, los impactos ambientales o sociales negativos y actuar de conformidad con las expectativas de la sociedad. Existen una serie de aspectos a considerar para adoptar una Responsabilidad Social Corporativa efectiva:

- Gestión medioambiental

- Ecoeficiencia

- Abastecimiento responsable

- Compromiso

- Bienestar corporativo

- Normas laborales y condiciones de trabajo

- Relaciones con los empleados y la comunidad

- Diversidad e inclusión

- Equidad social y equilibrio de género

- Garantía de los derechos humanos

 El aplicar correctamente la Responsabilidad Social Corporativa en una estrategia de negocio fomenta ventajas competitivas, como un mayor acceso al capital y a los mercados del sector, un aumento de las ventas y los beneficios, un ahorro de costes operativos, una mejora de la productividad y la calidad, una base de recursos humanos eficiente, una mejora de la imagen de marca y la reputación, una mayor fidelidad de los clientes, una mejor toma de decisiones y procesos de gestión de riesgos.

En este acercamiento inicial, descubrimos una noción que ha necesitado de la evolución social y empresarial para poder alumbrarse, ya que las compañías han necesitado ser conscientes de su relevante papel en la mejora de la sociedad en la que se insertan.

Una primera definición de la Responsabilidad Social Corporativa (RSC) como la forma de conducir las actividades empresariales que se caracteriza por tener en cuenta el impacto de sus acciones sobre sus clientes, empleados, accionistas, comunidades locales, medioambiente y sobre la sociedad en general.

A su vez, la ciudadanía ha requerido una transformación de su autoconciencia, hasta convertirla en más crítica, demandante de servicios que no solo cumplan sus expectativas económicas, sino que además sirvan a sus intereses sociales, medioambientales, de igualdad...

El aplicar correctamente la Responsabilidad Social Corporativa en una estrategia de negocio fomenta ventajas competitivas, como un mayor acceso al capital y a los mercados del sector, un aumento de las ventas y los beneficios, un ahorro de costes operativos, una mejora de la productividad y la calidad, una base de recursos humanos eficiente, una mejora de la imagen de marca y la reputación, una mayor fidelidad de los clientes, una mejor toma de decisiones y procesos de gestión de riesgos.

UNIDAD DIDÁCTICA 2

Ámbitos de la responsabilidad social corporativa

Contenido & Objetivos

Introducción

1. **Ámbitos de la RSE**

2. **El impacto medioambiental**

3. **Introducción a la calidad**

4. **La seguridad laboral y la RSE**

5. **Las relaciones laborales y la RSE**

Los **objetivos** de esta unidad son:

1. Analizar las principales áreas de interés de la Responsabilidad Social Corporativa.

2. Investigar la íntima conexión entre Responsabilidad Social Corporativa e impacto medioambiental.

3. Estudiar la noción de calidad como presupuesto de una Responsabilidad Social Corporativa adecuada.

4. Examinar las relaciones laborales como pilar esencial de la Responsabilidad Social Corporativa.

Introducción

En la Unidad anterior, a modo introductorio, ya se enumeraron las áreas básicas en las que desarrolla su acción el concepto de Responsabilidad Social Corporativa. En esta unidad se analizarán de forma exhaustiva algunas de ellas debido a su importancia en la materia.

A lo largo de esta unidad siempre hablaremos en plural, ya que entendemos que la Responsabilidad Social Corporativa es una noción transversal, multidisciplinar, que despliega su influencia en todas las zonas de actividad de una empresa, o al menos en todas las que sean susceptibles de recibir este enfoque. Para que la RSC posea una verdadera influencia práctica debe desplegarse en multitud de facetas de una organización, ya que supone un cambio integral en la forma de actuar.

1. Ámbitos de la RSE

 El Pacto Mundial de las Naciones Unidas (ONU), firmado en el año 2000, fue una iniciativa para promover el desarrollo sostenible y la responsabilidad social empresarial que tuvo gran calado internacional, y que supuso una gran consolidación de los movimientos en este sentido.

El objetivo del Pacto era conseguir un compromiso de libre adscripción de las entidades en responsabilidad social por medio de la implantación de diez principios basados en **derechos humanos, laborales, ambientales y de lucha contra la corrupción**. Estos son los cuatro grandes ámbitos de actuación de la RSC que desde entonces figuran en toda la literatura sobre la materia.

Las entidades que se adhieran se comprometen a implantar voluntariamente los diez principios en sus estrategias y en sus operaciones, y a informar a la sociedad de los avances logrados en la implantación de estos principios, a través de la elaboración y publicación anual de un documento denominado Informe de Progreso.

Estos ámbitos tan amplios obligan a una organización a detectar todas y cada una de las cuestiones que pueden verse afectadas por la RSC: Creación de riqueza, Valor añadido: generación de valor, Integración de Sistemas de Gestión e Indicadores de Sostenibilidad, Adaptabilidad / flexibilidad, Comunicación y retroalimentación, Cumplimiento de obligaciones legales, Voluntariedad, Universalidad.

Estos son los diez principios del Pacto Mundial:

▶ **En el área de derechos humanos:**

P1: Protección de los derechos humanos.

P2: Vigilancia de la no vulneración de los derechos humanos.

P3: Libertad de asociación y Derecho a la negociación colectiva.

▶ **En el área de normas laborales:**

P4: Eliminación del trabajo forzoso o realizado bajo coacción.

P5: Erradicación del trabajo infantil.

P6: Abolición de prácticas discriminatorias en el empleo y la ocupación.

▶ **En el área de medioambiente:**

P7: Protección del medioambiente.

P8: Responsabilidad ambiental.

P9: Desarrollo y difusión de tecnologías respetuosas con el medioambiente.

▶ **En el área de lucha contra la corrupción:**

P10: Políticas anticorrupción: contra el soborno y la extorsión.

Los **aspectos de gestión empresarial en cada una de estas áreas** son los siguientes:

Área de derechos humanos:

- Prevención de Riesgos Laborales.
- Promoción de la salud del empleado.
- Planes de formación.
- Protección de datos.
- Comunicación con el cliente.
- Gestión de la cadena de suministro.
- Comunicación fluida con el empleado.
- Planes de igualdad.
- Políticas de Conciliación familiar y laboral.

Área de normas laborales:

•   Integración de colectivos en riesgo de exclusión.

Área de medioambiente:

•   Sensibilización en medio ambiente.

•   Programas de reducción de consumos y residuos.

•   Formación medioambiental del empleado.

•   Desarrollo y difusión de tecnologías respetuosas con el medio ambiente.

Área de lucha contra la corrupción:

•   Gestión de riesgos en corrupción.

•   Desarrollo de políticas de transparencia.

2. El impacto medioambiental

2.1. La RSC y el desarrollo sostenible

En la segunda mitad del siglo XX se inicia un proceso de concienciación social acerca de la problemática medioambiental, que paulatinamente ha incorporado a todos los sectores de la comunidad internacional: científicos, políticos, empresas, la sociedad civil… que de una manera u otra declaran la urgente necesidad de movilizar la actuación humana en función de lograr la solución problemas ambientales cada vez más apremiantes.

Como resultado de este debate, y del cuestionamiento de los modelos de desarrollo imperantes hasta ese momento (dirigidos de forma predominante hacia el crecimiento económico, industrial y tecnológico, y que implican altos costos sociales, económicos, culturales y ambientales vinculados al consumo y manejo irracional e indiscriminado de los recursos del medio) surge como alternativa la teoría del desarrollo sostenible.

Este concepto adquirió verdadera relevancia en 1987, en "Nuestro Futuro Común", Informe de la Comisión Mundial sobre Medio Ambiente y Desarrollo, conocido también como *Informe Brundtland*, en la cual se definió el Desarrollo Sostenible como "aquel que satisface las necesidades de la generación presente sin comprometer la capacidad de las generaciones futuras para satisfacer las suyas propias".

El Informe Brundtland también definió el concepto de Empresa Responsable y Sostenible en base a tres atributos:

1. Ser viable económicamente

2. Ser beneficiosa para la sociedad

3. Ser sostenible ambientalmente y respetuosa con el entorno

2.2. La responsabilidad social ambiental

Se denomina "responsabilidad social ambiental" (RSA) al conjunto de acciones y esfuerzos que llevan a cabo las empresas para compatibilizar sus actividades comerciales y corporativas con la preservación del medioambiente y de los entornos en los que operan. Ya hemos visto que se configura como una de las cuatro áreas básicas de toda RSC.

La responsabilidad social ambiental también puede entenderse como el compromiso que adquieren las compañías para preservar y cuidar el medioambiente. El objetivo es evaluar todos los recursos naturales que la empresa utiliza para la creación de sus productos o servicios, por ejemplo el agua, la energía eléctrica o las materias primas que se utilizan para el embalaje, entre otros.

De hecho, el interés de las empresas por el medioambiente está muy relacionado con las demandas de los consumidores. Cada vez es más común que sus clientes sean personas con "conciencia ambiental", es decir, que tienen un estilo de vida en el que se preocupan por el medioambiente y al realizar sus compras cotidianas exigen que los productos o los servicios que requieren se acoplen a su forma de pensar y de vivir. Las empresas han respondido a esta nueva conciencia con el "marketing ecológico" o "marketing verde", que nace, precisamente, derivado de esta nueva corriente de consumidores. Las compañías ponen en marcha las estrategias de marketing ecológico de dos maneras diferentes:

Una de ellas se centra en el área comercial y empresarial y hace referencia a los procesos de creación de los productos, cuyo objetivo es comercializar un producto o un servicio que no cree ningún tipo de contaminación, que no genere desperdicios y que se haya creado optimizando recursos.

La segunda se centra en el área social, es decir, se promueven iniciativas para concienciar a su personal interno y a sus clientes externos de la necesidad de proteger y cuidar el medio ambiente.

En este contexto, se considera que la RSA en realidad constituye un buen negocio. No se podría considerar que las acciones con responsabilidad social representen un gasto; por el contrario, expresan una inversión que habrá de conducir —en principio— a la generación de ganancias y de utilidades. Si se pondera que la conciencia social ambiental es verdaderamente una inversión con retorno positivo, las condiciones para liderar desde la empresa el cambio ambiental estarán sentadas.

 Las disposiciones anteriores se fundamentan en una diferencia que debemos tener siempre presente, la que existe entre responsabilidad jurídica y responsabilidad social: la primera es de orden obligatorio, la segunda de orden facultativo. Antiguamente, se le asociaba con la filantropía, pero hoy se refiere a la actividad empresarial que considera los efectos sociales, ambientales y económicos de su acción, y que en consecuencia integra en ella el respeto por los valores éticos, las personas, las comunidades y el ambiente. Sin embargo, desde el sistema jurídico se pueden crear herramientas para estimular y promover estas actitudes y prácticas sin vulnerar su esencia voluntaria y, por el contrario, encuadrarla en el marco de los instrumentos promotores de una mejor gestión ambiental. Así, por ejemplo, una normativa reguladora orientada a apoyar mecanismos de mercado para asegurar inversiones socialmente responsables o la creación de sellos ambientales, entre otras iniciativas, ciertamente permitirían armonizar las alternativas jurídicas con las decisiones propiamente empresariales.

3. Introducción a la calidad

A nivel mundial existe gran diversidad de definiciones de Calidad, pero hasta el momento no se ha encontrado alguna que se vincule claramente con la RSC. Lo que podemos encontrar con aplicaciones del concepto de calidad en ámbitos específicos relacionados con la RSC: vida laboral, calidad social o calidad del trabajo.

El concepto de Calidad ha sufrido muchas transformaciones hasta llegar a lo que hoy denominamos «Calidad Total». La evolución del concepto de calidad ha ido ampliando paulatinamente su ámbito de actuación; en origen, el concepto hacía referencia de forma exclusiva a lo que hoy conocemos como calidad del producto. Poco a poco, se fue ampliando hacia otros focos como, por ejemplo, el de los procesos. La extensión del concepto ha seguido aumentando hasta llegar a un aspecto más globalizador de la actividad en nuestros días, en la que han comenzado a tomar mayor protagonismo otros grupos de interés para la organización, como son: los clientes, accionistas, profesionales de la plantilla, proveedores o la sociedad en general. Es en este último punto donde hallamos un punto de conexión entre la Calidad y la RSC: la preocupación de las compañías por su excelencia no solo se vuelca al interior de las organizaciones, sino que se traslada a su entorno social a través de múltiples facetas.

La "Calidad Total" también denominada "Excelencia", se define a grandes rasgos como una estrategia de gestión de la organización, cuyo objetivo principal es satisfacer de una manera equilibrada las necesidades y expectativas de todos sus grupos de interés: empleados, accionistas, clientes e incluso la sociedad en general.

 La teoría de los "grupos implicados" *(stakeholders)* es muy importante en toda la literatura clásica sobre RSC. Para esta teoría, la RSC nace por la demanda de la sociedad o de los grupos de interés –*stakeholders*– (Freeman, 1984). Las empresas no pueden tener como único objetivo la consecución de beneficios porque las expectativas de la sociedad han cambiado. Según esta teoría, la empresa debe atender no solo a los accionistas, sino a todos los grupos o individuos que afectan o son afectados por la actividad de la compañía. Atendiendo a las demandas de sus grupos de interés se obtienen mejores resultados no solo en las relaciones bilaterales con los grupos de interés, sino también en la coordinación y priorización de los *stakeholders* multilaterales.

La aplicación de esta estrategia se instrumentaliza a través de lo que los profesionales del sector conocen como el ciclo Deming o PDCA, que se corresponde con las siglas en inglés de:

Plan = Planificar, Do = Hacer, Check = Revisar y Act = Actuar

Este ciclo, conocido como "espiral de mejora continua" es una estrategia basada en la mejora continua de la calidad.

3.1. Principios fundamentales de la Calidad Total

Aunque, como hemos dicho, no existe una definición unitaria, podemos aproximarnos a conceptualizar la Calidad Total como el conjunto de las mejores prácticas en el ámbito de la gestión de organizaciones. Estas prácticas excelentes deben estar fundamentadas en los llamados *ocho principios de la Calidad Total*:

1. Orientación hacia los resultados.

2. Orientación al cliente.

3. Liderazgo y coherencia en los objetivos.

4. Gestión por procesos y hechos.

5. Desarrollo e implicación de las personas.

6. Aprendizaje, innovación y mejora continuos.

7. Desarrollo de alianzas.

8. Responsabilidad social.

3.2. Características de la Calidad Total

Entre las diversas características que resaltan de la Calidad los distintos autores en la materia, se pueden destacar las que se enumeran a continuación:

a) **Valor de los empleados internos.** La calidad total debe implicar de forma intensa a los trabajadores y trabajadoras de la propia organización. Tanto su opinión como su crecimiento, personal y laboral, se convierten en elementos centrales para la compañía.

b) **Valor de los socios externos.** En una empresa u organización son de vital importancia las relaciones con los proveedores y colaboradores externos. La calidad total primará la mejora continua para mantener los estándares deseados.

c) **Foco sobre el cliente.** Toda compañía debe otorgar la máxima atención a la satisfacción de las necesidades y expectativas de sus clientes, lo que inevitablemente redunda en un cuidado extremo sobre los productos y servicios ofrecidos.

d) **Liderazgo.** Los objetivos establecidos por la empresa u organización en materia de calidad total tendrán que ir alineados con la filosofía de la compañía, materializada en un liderazgo que tiene el foco sobre la mejora continua.

e) **Mejora continua.** La gestión y la toma de decisiones de una compañía están inmersas de forma interminable en un proceso de mejora continua, estableciendo evaluaciones periódicas que marquen el necesario proceso de mejora evolutiva.

4. La seguridad laboral y la RSE

4.1. Prevención de Riesgos Laborales (PRL)

Hemos dejado claro a lo largo de lo que llevamos de curso que la RSC, por definición, es una estrategia de implantación "voluntaria". Sin embargo, esta norma general no se puede aplicar en el caso específico de la Prevención de Riesgos Laborales (PRL). En esta materia encontramos normas de obligatorio cumplimiento, siendo la más significativa la Ley 31/1995, de 8 de noviembre, de prevención de Riesgos Laborales. Esta disposición legal tiene por objeto la determinación del cuerpo básico de garantías y responsabilidades preciso para establecer un adecuado nivel de protección de la salud de los trabajadores españoles frente a los riesgos derivados de las condiciones de trabajo, y ello en el marco de una política coherente, coordinada y eficaz de prevención de los riesgos laborales.

A nivel internacional también encontramos una serie de estándares, convenios y marcos normativos que hacen de la seguridad laboral un ámbito de actuación mucho más imperativo que otras áreas básicas de la RSC. Citemos algunas de estas referencias:

▶ **Pacto Mundial de 1999:** ya citado en el tema anterior, es un acuerdo internacional que ponía de manifiesto la necesidad de una regulación global de ciertos aspectos básicos de la RSC, siendo la protección a los trabajadores uno de ellos.

▶ **El Libro Verde de la Comisión Europea de 2006:** recopilación de los "Libros Verdes" existentes hasta entonces (hojas de ruta que indicaban las medidas a llevar a cabo en políticas sociales), en los cuales se adoptaron medidas como la obligatoriedad de las empresas de informar de forma detallada sobre cualquier acción, dentro de su actividad productora, que afecte al entorno.

▶ **Normas OHSAS:** estas son las siglas de "series de salud ocupacional y evaluación de seguridad" *(Occupational Health and Safety Assessment Series)*, creadas por el organismo de normalización de Reino Unido, el cual se encargó de dotar a las islas británicas de su norma en materia de PRL. Su principal avance consiste en su revisión de 2007 con medidas como la de incluir una certificación, exigir el cumplimiento de la ley, protección a todos los *stakeholders* (grupos de interés que se ven afectados por la actividad de la empresa más allá de los empleados, como los proveedores, clientes...), exigencia de autocontrol y auditoría, etc. Esta serie de normas ha tenido su reflejo internacional en distintos países gracias a entidades reguladoras como AENOR (Asociación Española de Normalización y Regularización).

▶ **NTP (Nota Técnica de Prevención) 1043 INSHT:** guía promulgada por el Instituto Nacional de Seguridad e Higiene en el Trabajo que recoge y define la ruta a seguir por las principales empresas que se desenvuelven dentro de la excelencia en lo que a RSC y PRL se refiere.

▶ **NTP 1044 INSHT:** notas de prevención que actúan de complemento a la anterior y recogen todas las buenas prácticas llevadas a cabo por las empresas sometidas a estudio y por las cuales merecen la consideración de empresas socialmente comprometidas con su entorno.

En definitiva, la relación empresa-RSC-PRL consiste no solo en el control y la regulación coercitiva que garanticen la seguridad de los empleados y del entorno en el que se desenvuelve la empresa, sino también en toda medida llevada a cabo voluntariamente por el empresario, y en la necesidad de actuar en beneficio de la sociedad que posibilita su actividad económica. Como medida moral y "de agradecimiento" y simbiosis por la cual, sin la protección de su ecosistema social y natural, no se podría sostener en el tiempo la actividad económica en cuestión.

4.2. La integración de la prevención de riesgos laborales y la Responsabilidad Social Corporativa

La Agencia Europea para la Seguridad y la Salud en el Trabajo editó en 2004 el documento llamado *Corporate social responsibility and safety and health at work* donde recogía **diez recomendaciones para integrar la prevención de riesgos laborales y la Responsabilidad Social Corporativa.** Son las siguientes:

1. **Construir sobre lo ya existente.** Las empresas que decidan aplicar una estrategia de RSC deben entender que su actuación en materia de seguridad y salud en el trabajo es un factor esencial y positivo. Ampliarán su ámbito a departamentos como personal y marketing y estudiarán la manera de fomentar la comunicación interna.

2. **Aprender de la experiencia ajena.** Existe mucha información disponible en Internet y en informes ya publicados. Las redes de salud y de seguridad son una valiosa fuente de información, al igual que las entidades profesionales o sectoriales, las organizaciones empresariales, los sindicatos, o las asociaciones existentes dentro de las comunidades locales.

3. **Definir objetivos estratégicos.** Los objetivos de seguridad y la salud en el trabajo (SST en adelante) a largo plazo pueden vincularse con otros fines sociales estratégicos y con objetivos medioambientales o de desarrollo sostenible, de tal modo que se evite la duplicación de tareas o la descoordinación de las actuaciones. La vinculación es obvia en el caso de los problemas de salud mental, estrechamente ligados a la moderna gestión de recursos humanos y la satisfacción laboral. Estos objetivos deben ser comunicados a sus interlocutores en el seno de la empresa.

4. **Identificar e implicar a los interlocutores relevantes.** Escuchar a los interlocutores es fundamental en la RSC; por lo tanto, procura identificar a los más importantes, como empleados, profesionales de la seguridad y salud en el trabajo, clientes, accionistas, autoridades, ONG, consumidores o sociedad.

5. **Equilibrar los factores "personas, planeta y beneficio".** El concepto de RSC implica incorporar consideraciones de índole social (personas) medioambiental (planeta) y económica (beneficio) a las operaciones comerciales y a la comunicación con los interlocutores. La salud y la seguridad en el trabajo, como factor del bienestar de los empleados, es parte natural de la dimensión «personas» en la RSC. Para una empresa es fundamental conocer la percepción que tienen los trabajadores y sus familias de la seguridad. Y, por lo tanto, es importante conocerles y escucharles.

6. **Equilibrar la dimensión externa e interna de la RSC.** En ocasiones, la percepción de la salud y la seguridad en el trabajo queda circunscrita a una dimensión exclusivamente interna. Sin embargo, elementos externos, como el efecto de las prácticas de los socios y proveedores a lo largo de toda la cadena de producción, no están al margen de la responsabilidad social. Es decir, hay que asegurarse de no externalizar los riesgos subcontratándolos a otras entidades. Es necesario generar un núcleo de valores y aplicarlos clara y firmemente tanto a nivel interno como a nivel externo.

7. **Credibilidad.** Es fácil perder la credibilidad; así pues, la Alta Dirección debe dar ejemplo y evitar adoptar valores y formular compromisos que no sean capaces de mantener o que solo apliquen "de cara a la galería". La necesidad del compromiso en los puestos directivos es un mensaje al que están habituados los profesionales de la SST y que resulta igualmente válido tanto para la RSC como para la SST. El desarrollo de iniciativas de RSC brinda la oportunidad de asignar a la SST una mayor importancia estratégica.

8. **Innovar.** Es importante integrar la SST en la cultura corporativa y es por ello por lo que se desarrollan con regularidad actuaciones en materia de salud y seguridad. La RSC ofrece la oportunidad de emprender iniciativas diferentes y complementarias, evitando que la percepción de la SST caiga en la rutina. Trata de ser innovador y no temas formular declaraciones éticas: a veces surten más efecto sobre el comportamiento humano que los argumentos racionales.

9. **Aprendizaje y desarrollo organizativo.** La RSC no es una «solución instantánea», se precisa tiempo para desarrollar nuevos valores y para cambiar la cultura corporativa. Es decir, la responsabilidad social debe incorporarse a todas las políticas y a todos los procesos de gestión de riesgos. Formar a los empleados en el significado de la RSC y explicarles su participación en la misma no solo fomenta un sentimiento de pertenencia a algo propio, sino que también les motiva a proyectar externamente una buena imagen de la empresa.

10. **Informar.** La información y comunicación externa es una parte esencial de la RSC y ya no está limitada a las grandes multinacionales o a las empresas que operan en sectores problemáticos. Para soslayar toda sospecha de falsear la veracidad de los compromisos adquiridos, la credibilidad es esencial, y esto significa ser claro y honesto. Evita la jerga, céntrate en aquellos a los que te diriges y, si es necesario, adapta tus comunicaciones en función de los diversos interlocutores.

5. Las relaciones laborales y la RSE

5.1. Área sociolaboral

La doctrina ha distinguido tradicionalmente el área sociolaboral de la RSE en dos ámbitos:

a) **RSE interna:** la empresa dirige la RSE hacia sus trabajadores: respeto y promoción de sus derechos, códigos de conducta en el trabajo...

b) **RSE externa:** se dirige la RSE hacia el entorno social/familiar de la compañía: obra social y filantropía (educación, salud, vivienda, ocio...).

La RSE interna siempre ha recibido menor atención por los autores que la externa, siendo la posible razón de esa desidia el convencimiento de que las cuestiones relativas al empleo eran competencia exclusiva del Derecho Laboral. En la actualidad se ha producido un cambio en dicha mentalidad por las siguientes circunstancias:

- El Derecho Laboral pierde fuerza en un contexto globalizado; el mercado laboral se ha deslocalizado y desregulado, los Estados ya no pueden controlarlo a través de sus regulaciones nacionales.

- La RSE externa no resulta creíble si la empresa no es socialmente responsable con sus propios empleados.

- Las grandes empresas han descubierto que la RSE interna es clave en sus resultados. La responsabilidad social de la empresa comienza por sus propios trabajadores, que son el primer grupo de interés de la empresa: conforman el capital humano, que gestiona el resto de los recursos empresariales, y por tanto la buena marcha de la empresa depende de ellos.

La RSE interna toma cada vez mayor protagonismo, ya que se han descubierto unos *retornos* muy beneficiosos de dicha política empresarial:

- Motivación de los trabajadores.

- Mejor clima laboral.

- Sentido de pertenencia y lealtad a la empresa (alianza entre capital y trabajo).

- Disminución de los conflictos laborales.

- Retención y atracción del talento.

- Disminución del absentismo (menos problemas de salud derivados del trabajo).

- Disminución de los costes globales de producción y mejora de la competitividad.

5.2. La RSE y el derecho sociolaboral

Como en casi todos los ámbitos de la RSE, la RSE laboral comienza donde concluyen las obligaciones normativas: se trata de una frontera móvil que depende de cada momento histórico y de cada contexto.

Las fuentes del derecho laboral, que deben ser presupuestas a toda RSE en este ámbito, son variadas, y tienen distinta relación con la RSE:

▶ **Las disposiciones legales y reglamentarias:** la extensión de la RSE depende por lo tanto de la previa extensión del derecho laboral. El papel de la RSE es más relevante en ordenamientos poco intervencionistas, ya que la ausencia de regulaciones estatales deja mucho margen a la actuación voluntaria de las compañías y sus grupos de interés (esto es algo propio de sistemas anglosajones y de las actuales tendencias liberalizadoras en los estados continentales).

▶ **Los convenios colectivos.** En este punto es importante resaltar las diferencias: la RSE es un acto unilateral del empresario, mientras que los convenios son un pacto obligatorio entre representantes de los trabajadores y empresarios. Los compromisos de la RSE son éticamente vinculantes, mientras que el convenio colectivo es jurídicamente vinculante. La RSE no puede ni debe sustituir a la negociación colectiva en la empresa.

▶ **Los contratos de trabajo:** es la fuente del derecho laboral que menos afectación posee sobre la RSE, debido a su carácter individual, y sin clara extensión generalizadora.

▶ **Normas internacionales de referencia de la RSE laboral:** todas las normas a las que haremos referencia a continuación poseen una característica común: se engloban dentro del denominado *soft law*, calificativo que define aquellas normas que incorporan compromisos para estados y empresas a pesar de no ser jurídicamente vinculantes, basándose en la extensión de estándares internacionales sobre el trabajo. Esta esencial falta de vinculación directa se complementa con mecanismos de control y supervisión periódicos.

    1. **O.N.U.:**

        a) Pacto Mundial (Global Compact, 2000).

        b) Normas ONU sobre responsabilidades de las empresas transnacionales y otras empresas comerciales en la esfera de los Derechos Humanos (2003).

        c) Objetivos de Desarrollo Sostenible de la Agenda 2030: el Objetivo número 8, denominado "Promover el crecimiento económico inclusivo y sostenible, el empleo y el trabajo decente para todos", se focaliza en la materia que nos ocupa. En abril de 2020, las Naciones Unidas elaboraron un marco para la respuesta socioeconómica inmediata a la COVID-19 como hoja de ruta para apoyar a los países en su camino hacia la recuperación social y económica, siendo uno de sus ejes la protección de empleos y el apoyo a pequeñas y medianas empresas, y a los trabajadores del sector informal, mediante programas de respuesta y recuperación económicas.

2. **Organización Internacional del Trabajo:**

   a) Declaración Tripartita sobre las empresas multinacionales y la política social.

   b) Declaración sobre los principios y derechos fundamentales en el trabajo (1998).

3. **Amnistía internacional:** Principios de derechos humanos para las empresas.

4. **Organización para la Cooperación y el Desarrollo Económicos (OCDE):**

   a) Declaración sobre inversiones internacionales y empresas multinacionales.

   b) Directrices para empresas multinacionales.

5. **U.E:**

   a) Libro verde "Fomentar un marco europeo para la responsabilidad social de las empresas" (2001).

   b) Comunicación de la Comisión "RSE: una contribución empresarial al desarrollo sostenible" (2002).

   c) Comunicación de la Comisión "Poner en práctica la asociación para el crecimiento y el empleo: hacer de Europa un polo de excelencia de la RSE" (2006).

   d) Comunicación de la Comisión "Estrategia renovada de la UE 2011-2014 sobre RSE" (2011).

Tras analizar las notas definitorias del concepto de Responsabilidad Social Corporativa en la primera Unidad del curso, en la presente Unidad nos hemos centrado en aquellos ámbitos donde la aplicación de la RSC tiene un mayor impacto.

Estos ámbitos destacados no se han escogido a la ligera, se ha tomado la referencia del Pacto Mundial de las Naciones Unidas, que clasifica las preocupaciones de la RSC en ciertos campos específicos, agrupando las iniciativas en torno a cuatro ejes centrales: analizar las áreas de interés de la RSC, considerar el impacto medioambiental, la noción de calidad y las relaciones laborales.

Una empresa verdaderamente comprometida con la RSC extenderá su acción responsable en todas las facetas posibles, pero aquellas que hemos señalado en esta Unidad (medio ambiente, calidad, relaciones laborales) son las que mayor influencia pueden ejercer sobre el entorno de la compañía, ya sea en su vertiente interna (empleados, proveedores) como en la externa (clientes, competidores...).

UNIDAD DIDÁCTICA 3

Mecanismos de la Responsabilidad Social Corporativa

Contenido & Objetivos

Introducción

1. Referencias internacionales

2. Pymes y RSE

3. El foro de expertos en RSE

Los **objetivos** de esta unidad son:

1. Enumerar las principales referencias internacionales en materia de Responsabilidad Social Corporativa.

2. Analizar la especial aplicación de la Responsabilidad Social Corporativa en las pymes.

3. Conocer cuáles son las recomendaciones de los expertos nacionales para una óptima implantación de la Responsabilidad Social Corporativa.

Introducción

Tras la definición del concepto de RSC, y del análisis de los principales ámbitos donde tiene aplicación, en esta Unidad nos dedicaremos a la parte procedimental de la materia, es decir, el estudio de los mecanismos que posibilitan poner en práctica los principios de la RSC.

Además de lo anterior, veremos que la RSC (tradicionalmente asociada a las grandes empresas) tiene que ser un eje central de la nueva concepción de las pequeñas y medianas empresas. Las pymes no sobrevivirán en un entorno económico ultracompetitivo sin asumir una política de RSC. Hemos estudiado cómo los nuevos clientes demandan ese cambio de mentalidad.

Por último, toda aplicación de una política debe escuchar a las eminencias más destacadas en el campo correspondiente, por lo que en esta Unidad también observaremos lo que lo expertos en RSE opinan sobre la materia que nos ocupa.

1. Referencias internacionales

Ha sido inevitable en las Unidades didácticas anteriores citar algunas de las referencias internacionales a las que este epígrafe se dedica en exclusiva. En este punto, por lo tanto, desarrollaremos aquellas más destacadas, citando otras que no han tenido espacio anteriormente.

1.1. Líneas Directrices de la OCDE para Empresas Multinacionales

Son recomendaciones dirigidas por los gobiernos a las empresas multinacionales. La vocación de las Directrices es garantizar que las actividades de esas empresas se desarrollen en armonía con las políticas públicas, fortalecer la base de confianza mutua entre empresas y las sociedades en las que desarrollan su actividad, contribuir a mejorar el clima para la inversión extranjera y potenciar la contribución de las empresas multinacionales al desarrollo sostenible.

Las Directrices enuncian principios y normas voluntarias para una conducta empresarial responsable compatible con las legislaciones aplicables y las normas internacionalmente admitidas. Sin embargo, los países suscriptores de las Directrices contraen el compromiso vinculante de ponerlas en práctica. Además los temas que abordan las Directrices también pueden estar sujetos a leyes nacionales y a compromisos internacionales.

Desde la revisión de las Líneas Directrices del año 2000 la actividad empresarial internacional ha registrado un cambio estructural de gran alcance y en respuesta a estos cambios la OCDE decidió actualizar las Directrices y aprobar un nuevo texto en la reunión del Consejo de la OCDE a nivel ministerial de mayo 2011.

Enlaces de interés:

- Líneas Directrices de la OCDE para Empresas Multinacionales:

  https://www.oecd.org/es/publications/2023/06/oecd-gui-delines-for-multinational-enterprises-on-responsible-bu-siness-conduct_aob49990.html

- Organización para la Cooperación y el Desarrollo Económicos (OCDE):

  https://mneguidelines.oecd.org/

1.2. Declaración Tripartita de la Organización Internacional del Trabajo (OIT)

Esta Declaración es el único instrumento de la OIT que brinda orientación dirigida directamente a las empresas sobre política social y prácticas inclusivas, responsables y sostenibles en el lugar de trabajo. Es el único instrumento global en esta materia elaborado y adoptado por gobiernos, empleadores y trabajadores de alrededor del mundo. A pesar de que la Declaración ya tiene décadas de existencia, sus objetivos siguen siendo altamente relevantes en el contexto de la Agenda 2030 para el desarrollo sostenible. Los principios de la Declaración están dirigidos a empresas multinacionales, gobiernos y organizaciones de empleadores y trabajadores y cubren las áreas de empleo, formación, condiciones de trabajo y vida y relaciones industriales, así como la política general. Todos sus principios están basados en las normas internacionales del trabajo (Convenios y Recomendaciones de la OIT).

Enlace de interés:

- Declaración tripartita de principios sobre las Empresas Multinacionales y la Política Social:

  https://www.mites.gob.es/ficheros/rse/documentos/monitoreo/declaracionTripartita.pdf

1.3. Principios Rectores de Naciones Unidas sobre Empresas y Derechos Humanos

Estos Principios fueron aprobados por consenso por el Consejo de Derechos Humanos de la ONU en el 2011 y son el principal conjunto de principios producido por la ONU sobre el tema de empresas y derechos humanos. Dichos principios ponen en práctica el marco de las Naciones Unidas "Proteger, Respetar y Remediar" que fue aprobado en 2008 por el Consejo de Derechos Humanos. Los principios rectores tienen como objetivo promover el deber del Estado de proteger a las víctimas, la obligación empresarial de respetar los derechos humanos y la mejora del acceso efectivo a mecanismos de reparación de las víctimas. Pero no se hace el mismo énfasis en los tres objetivos, sino que se da mucho más peso a la responsabilidad de los gobiernos nacionales; si bien es cierto que este principio recoge parte de las demandas de los movimientos sociales, también siembra muchas dudas acerca de su efectividad.

Enlaces de interés:

- Principios rectores sobre empresas y Derechos Humanos:

  https://www.ohchr.org/sites/default/files/documents/publications/guidingprinciplesbusinesshr_sp.pdf

- Soporte de Business & Human Rights:

  https://www.business-humanrights.org/es/

1.4. Integrated Reporting (IR)

El informe integrado, según el *discussion paper* publicado en septiembre de 2011 por el *International Integrated Reporting Committee* (IIRC) es el resultado de un proceso de reflexión cuyo objetivo es mostrar la relación entre la estrategia, el gobierno y el desempeño financiero, con el entorno social, económico y ambiental en que opera la organización. Conocer esas conexiones es lo que permitirá a las organizaciones tomar decisiones que creen valor a corto, medio y largo plazo. Por tanto, el informe integrado incluirá información económica, pero no como un anexo de cuentas y balances, sino identificando los indicadores relevantes que muestren las conexiones para crear valor. A día de hoy no existe una normativa comúnmente aceptada sobre cómo elaborar informes integrados.

Enlace de interés:

- Integrated Reporting:

  https://www.integratedreporting.org/

1.5. AA1000 AccountAbility

Es un método de responsabilidad que pretende garantizar la calidad de las rendicio-
nes de cuentas, evaluaciones y divulgación sobre aspectos sociales y éticos de la
gestión empresarial. Especifica los procesos que debe llevar a cabo una organización
para responder por sus acciones, pero no por los niveles de desempeño que la empresa
deberá alcanzar en los indicadores sociales, ambientales y económicos.

Enlaces de interés:

- AA1000 AccountAbility:

  https://www.accountability.org/

- Norma AA1000, Compromiso de los Grupos de Interés:

  https://www.mites.gob.es/ficheros/rse/documentos/
  monitoreo/aa1000ses_es.pdf

1.6. ISO 26000:2010 (Responsabilidad Social)

La Norma ISO 26000 es una guía voluntaria de buenas prácticas en materia de
Responsabilidad Social basada en siete criterios: el gobierno corporativo, derechos
humanos, prácticas laborales, medioambiente, prácticas justas de negocio, asuntos
de los consumidores y desarrollo de la comunidad; promoviendo la integración de
programas de responsabilidad en estos temas en las prácticas internas diarias de las
organizaciones. La ISO 26000 se convierte en una herramienta de gestión integrada,
que permite una modalidad de trabajo que incluya todos los procesos de gestión de la
RSE desde los diálogos y debates, hasta las alertas sobre cumplimiento de expectativas y dificultades de ejecución.

Enlace de interés:

- Social responsibility:

  https://www.iso.org/iso-26000-social-responsibility.html

1.7. ISO 9001:2015 (Gestión de Calidad)

Además de ser una plataforma ideal desde la que avanzar hacia otras certificaciones de sistemas de gestión del medio ambiente, la seguridad o la responsabilidad social, ISO 9001 permite a la pequeña y mediana empresa situarse al nivel de las más grandes, equiparándose en eficiencia y compitiendo en igualdad de posibilidades en el agresivo mercado actual. Esta norma internacional promueve la adopción de un enfoque basado en procesos cuando se desarrolla, implanta y mejora la eficacia de un sistema de gestión de la calidad, basado a su vez en el ciclo de mejora continua PDCA (Planificar, Hacer, Comprobar, Actuar).

Enlaces de interés:

- ISO 9000 - Quality management:

  https://www.iso.org/iso-9001-quality-management.html

- Nueva ISO 9001:2015:

  https://www.nueva-iso-9001-2015.com/

1.8. ISO 14001:2015 (Gestión Medioambiental)

De manera progresiva, las organizaciones, independientemente de su actividad, tamaño o ubicación geográfica, tienen que cumplir con un mayor número de exigencias ambientales impuestas por la Administración, los clientes y la sociedad en general. Por ello, resulta imprescindible el uso de herramientas que integren el medio ambiente en la gestión global de la empresa. La implantación de un Sistema de Gestión Ambiental de acuerdo con la norma UNE-EN ISO 14001 le ofrece la posibilidad de sistematizar, de manera sencilla, los aspectos ambientales que se generan en cada una de las actividades que se desarrollan en la organización, además de promover la protección ambiental y la prevención de la contaminación desde un punto de vista de equilibrio con los aspectos socioeconómicos.

1.9. Sistema Comunitario de Gestión y Auditoría Medioambientales (EMAS)

El Registro EMAS es una herramienta voluntaria diseñada por la Comisión Europea para la inscripción y reconocimiento público de aquellas empresas y organizaciones que tienen implantado un sistema de gestión ambiental que les permite evaluar, gestionar y mejorar sus impactos ambientales, asegurando así un comportamiento excelente en este ámbito. Las organizaciones reconocidas con el EMAS –ya sean compañías industriales, pequeñas y medianas empresas, organizaciones del sector servicios, administraciones públicas, etc.– tienen una política ambiental definida, hacen uso de un sistema de gestión medioambiental y dan cuenta periódicamente del funcionamiento de dicho sistema a través de una declaración medioambiental verificada por organismos independientes. Estas entidades son reconocidas con el logotipo EMAS, que garantiza la fiabilidad de la información dada por dicha empresa.

1.10. SA 8000:2014 (Social Accountability)

La SA8000 es una certificación voluntaria que fue creada por la organización estadounidense Social Accountability International (SAI), con el propósito de promover mejores condiciones laborales. La certificación SA8000 se basa en los acuerdos internacionales sobre las condiciones laborales, los cuales incluyen temas tales como justicia social, los derechos de los trabajadores, etc. La certificación SA8000 establece condiciones mínimas para alcanzar un ambiente de trabajo seguro y saludable; la libertad de asociación y negociación colectiva; y una estrategia empresarial para tratar los aspectos sociales relacionados con el trabajo. Además, contiene reglas respecto a la duración de la jornada laboral, los salarios, la lucha a la discriminación y al trabajo infantil o forzado. Las empresas pueden solicitar la certificación SA8000 a través de una de las agencias de certificación aprobadas por la SAI. La agencia de certificación hace la inspección inicial y una vez el sitio de trabajo es certificado, la empresa es supervisada periódicamente para asegurar que continúa cumpliendo con los requisitos del programa. La empresa productora por lo general paga los costos de la certificación, los cuales incluyen la inspección o auditoria, así como cualquier medida correctiva o preventiva que deba aplicarse para recibir la certificación.

1.11. SGE 21 Forética

La SGE 21, Sistema de Gestión Ética y Socialmente Responsable, es la primera norma europea que establece los requisitos que debe cumplir una organización para integrar en su estrategia y gestión la Responsabilidad Social. La Norma SGE21 es una Norma de Forética asociación sin ánimo de lucro cuya iniciativa surge en el seno del X Congreso de Empresas de Calidad, de Barcelona, en el año 1999, donde un nutrido grupo de directivos y líderes de opinión se cuestionan de qué manera pueden poner en valor una cultura de empresa basada en la responsabilidad de todos sus miembros frente al conjunto de la sociedad y el entorno. La norma de empresa o mejor conocida como SGE 21 es un estándar consolidado, la cual fue concebida como un instrumento flexible y adaptable a las necesidades de cada empresa sin importar el tamaño o el sector al que pertenece. Dicha norma puede ser implantada en toda la organización de manera integrada, o bien escalando por niveles de implantación o por áreas de gestión previamente definidas (recursos humanos, atención al cliente...).

Enlaces de interés:

- Norma SGE 21 Sistema de Gestión Ética y Socialmente Responsable:

  https://foretica.org/wp-content/uploads/2023/05/norma_SGE_21.pdf

- SGE 21 Forética:

  https://foretica.org/sge-21-una-norma-para-la-mejora-continua-en-gestion-responsable/

1.12. IQNet SR10

La IQNET SR10 "Sistemas de Gestión de la Responsabilidad Social" es una especificación que establece los requisitos de un sistema de gestión de la responsabilidad social para organizaciones comprometidas con los principios y recomendaciones sobre desarrollo sostenible y responsabilidad social existentes y, en particular, los contenidos en la Norma Internacional ISO 26000. Se trata de una especificación internacional, desarrollada por IQNet Association y sus socios, basada en la especificación RS10 emitida por AENOR España. Su objetivo es integrar la gestión de la responsabilidad social en la estrategia empresarial de las organizaciones y comunicar los logros obtenidos a través de la certificación. IQNet es una red internacional de organismos de certificación asociados. Desde su fundación en 1990, IQNet se ha mantenido como la red más grande del mundo de los principales organismos de certificación, con numerosos socios que abarcan cientos de oficinas y filiales en todo el mundo.

Enlaces de interés:

- The International Certification Network:

  https://www.iqnet-certification.com/

- IQNet SR10. Sistemas de Gestión de la Responsabilidad Social. Requisitos:

  https://www.mites.gob.es/ficheros/rse/documentos/monitoreo/IQNetSR10-Requirements_es.pdf

2. Pymes y RSE

El logro de una economía sostenible y socialmente responsable no puede fundamentarse exclusivamente en la aplicación de buenas prácticas sociales, económicas y ambientales en el contexto de las grandes corporaciones, sino también por la implicación activa de la forma societaria más difundida en nuestro país: las pequeñas y medianas empresas (en adelante pymes).

Algunos enfoques tradicionales de la RSE han asumido sin más que los conceptos y metodologías aplicadas por las grandes corporaciones pueden ser extrapolados de forma inalterada a las pequeñas y medianas empresas, que son simples versiones en miniatura de las grandes compañías. En este epígrafe vamos a postular una doctrina contraria a esta corriente, analizando cómo estas entidades afrontan la RSE y cómo sus peculiaridades condicionan el contenido y alcance de dicha RSE, que se debe adaptar a las características y realidad de este tipo de empresas.

Las pymes tienen una serie de peculiaridades intrínsecas a su propia naturaleza, características estructurales, sociales y funcionales que no solo las hacen muy distintas de las grandes corporaciones, sino que además les otorgan determinadas capacidades distintivas. Las actividades de las pequeñas empresas suelen ser percibidas como informales, no burocráticas y espontáneas, con gran flexibilidad en las relaciones con los agentes externos. La honestidad, la confianza y la integridad de estas entidades para relacionarse con sus *stakeholders* son fundamentales para la consecución de ventajas competitivas (Hammann, Habisch y Pechlaner, 2009).

En este contexto, mostraremos a continuación un análisis exploratorio con el fin de conocer la incidencia que diferentes factores explicativos pudieran ejercer sobre el nivel de desempeño que las pymes tienen en relación con la RSE. En concreto, se va a analizar el efecto que el nivel de formación del propietario/gerente, la estructura de la propiedad, el tamaño y el sector pudieran ejercer sobre el grado de implementación de prácticas de responsabilidad social en las pymes.

2.1. El nivel de formación del propietario/gerente

Es obvio que la formación del individuo incide sobre su manera de desarrollar cualquier actividad, orientando la definición de la ética profesional de cada disciplina e incluso su rol social. Muchos estudios muestran que los individuos con mayor nivel de estudios son más proclives a participar como líderes de organizaciones de carácter social y local. A pesar de la corriente que apunta que una formación universitaria —y en concreto una en valores éticos y sociales— tiene un efecto positivo en la orientación de los directivos empresariales hacia la RSE, algunos estudios han evidenciado que los valores éticos y morales no pueden ser enseñados y que cualquier intento de incluirlos en la enseñanza superior es un intento muy vano por tardío. En todo caso, como principio general, se puede establecer que el nivel de desarrollo de prácticas de RSE de las pymes depende del nivel de formación de sus propietarios/gerentes.

2.2. La estructura de la propiedad

El carácter familiar de las pymes ha sido una de las variables organizativas de mayor interés de estas entidades, sobre todo por la importancia que los valores tradicionales asociados a la «familia» pueden tener en el desarrollo de una estrategia socialmente responsable. La importancia de la empresa familiar dentro de la economía y el mundo de la empresa en general es incuestionable, más concretamente, en España aproximadamente el 65% de las pymes son catalogadas como familiares, lo que representa el 70% del PIB español y una de las principales fuentes de generación de empleo: aproximadamente 13,9 millones de puestos de trabajo, lo que justifica el creciente interés entre los investigadores en relacionar los estudios de la RSE en el ámbito de las empresas familiares.

Por lo general, en comparación con las empresas no familiares, los propietarios agrupados en familia sienten un mayor grado de identificación de la organización y buscan preservar la empresa como herencia familiar para su transmisión a las siguientes generaciones. Esto conduce a los gestores a mostrar una gran preocupación por la reputación de sus empresas, evitando cualquier tipo de acción nociva para la imagen o reputación corporativa y estableciendo políticas más sólidas de inversión a largo plazo.

Sumados al argumento reputacional, también se debe citar la forma en que la propiedad de la familia facilita el control efectivo de la gestión, reduciendo cualquier asimetría informativa posible y facilitando el control organizativo. La estructura de capital de la empresa familiar reduciría por tanto los problemas de agencia entre propietarios y directivos. La menor separación entre propiedad y control favorecería la visualización de los incentivos que puede ofrecer para la empresa la consecución de prácticas que satisfagan intereses de los diversos *stakeholders*. En este sentido se puede defender que las empresas familiares son más propensas a tener más fortalezas hacia la RSE en relación con otras empresas, ya que generalmente sus objetivos van más allá de la maximización del beneficio económico.

2.3. El tamaño

En la literatura de RSE, en general, se considera que existe una relación directa entre el tamaño de la empresa y una mayor implicación y comprensión del concepto integral de la RSE. Existen ideas cristalizadas como la que establece que las empresas de tamaño micro y pequeñas suelen destinar menos recursos al desarrollo de este tipo de prácticas, mientras que las grandes compañías tienen una mayor predisposición a adoptar prácticas de RSE porque son observadas más de cerca y están sometidas en mayor medida al escrutinio público y a fuertes presiones sociales. En este sentido, cabe esperar que este tipo de organizaciones, con el fin de proyectar una imagen de empresa responsable y legitimar así su actuación frente a la sociedad, sean las que lleven a cabo más prácticas de RSE.

La conclusión del razonamiento anterior es que, a diferencia de las grandes empresas, las pymes tienen una visibilidad mucho más limitada y no sienten la misma presión por la formalización de sus prácticas. En general, las pymes se caracterizan por tener una menor documentación de sus operaciones, menos obstáculos de procedimiento y por aplicar un estilo de gestión informal a las cuestiones estratégicas, incluyendo la RSE. Ciertos autores afirman que cuanto mayor es el tamaño organizativo, mayor es la formalidad con la que desarrollan sus estrategias de sostenibilidad.

A pesar de los argumentos anteriores, existen autores que sostienen una visión contraria, al considerar los criterios que hemos visto en puntos anteriores: que las pymes están mejor posicionadas que las grandes empresas para la consecución de comportamientos socialmente responsables, por su relación más cercana a empleados, clientes y comunidad local, tienen mayor flexibilidad para adaptarse a los cambios de un mercado complejo, globalizado y cada vez más competitivo, etc.

2.4. El sector

En el ámbito de las pymes, el sector de actividad al que pertenece la empresa ha demostrado tener un profundo impacto sobre el comportamiento socialmente responsable de las mismas. De hecho, muchos han sido los autores que han analizado las similitudes y diferencias entre los niveles de desempeño sostenible de pymes pertenecientes a distintos sectores, o que se han centrado en estudiar detalladamente las prácticas de RSE más comunes entre las empresas de un mismo sector. El nivel de desarrollo de prácticas de RSE de las pymes depende en muchas ocasiones del sector donde operen las mismas, demostrándose que los sectores asociados con la innovación, el medioambiente, la cooperación social... son más propensos que otros sectores productivos tradicionales a la hora de implantar prácticas de RSE.

3. El foro de expertos en RSE

El Foro de Expertos sobre RSE fue constituido el 17 de marzo de 2005 por iniciativa del, por entonces, Ministerio de Trabajo y Asuntos Sociales, con la participación de representantes de varios Ministerios y de expertos provenientes de grupos empresariales, organizaciones de la sociedad civil y de la Universidad.

El Foro concluyó sus trabajos el 12 de julio de 2007 en una sesión en la que se acordó el documento *"Las políticas públicas de fomento y desarrollo de la RSE en España"*.

Los trabajos del Foro comienzan realzando el papel de la U.E. en la materia, calificándola como *"la única instancia regional supranacional que lo ha abordado hasta el momento"*. La perspectiva europea y la perspectiva global al abordar la responsabilidad social de la empresa son complementarias y esenciales. La responsabilidad social de las empresas no se circunscribe, por lo general, a sus actividades dentro de un solo país, ni existen soluciones a diversas decisiones empresariales que tengan como marco a un solo Estado. El contexto global en el que desarrollan su actividad muchas empresas deja al descubierto la existencia de vacíos legales o legislaciones laxas, que es preciso cubrir a través de políticas públicas, iniciativas multilaterales internacionales o políticas de responsabilidad social por parte de las mismas empresas.

El carácter global de la RSE está expresamente reconocido en la Comunicación de la Comisión de la RSE, de Bruselas del 2002, donde se dice *"La gobernanza mundial y la interrelación entre el comercio, la inversión y el desarrollo sostenible son aspectos cruciales del debate sobre la responsabilidad social de las empresas"*.

Tras introducir sus trabajos con el elogio de la U.E. y el recordatorio de las normas internacionales que hemos visto en esta misma Unidad, el Foro hace una serie de definiciones que son de gran interés para el estudio que hemos emprendido en este curso. Pasemos a detallarlas.

Objetivo de la RSE

"La RSE tiene como objetivo la sostenibilidad basándose en un proceso estratégico e integrador en el que se vean identificados los diferentes agentes de la sociedad afectados por las actividades de la empresa".

La Responsabilidad Social de la Empresa (RSE) es, además del cumplimiento estricto de las obligaciones legales vigentes, la integración voluntaria en su gobierno y gestión, en su estrategia, políticas y procedimientos, de las preocupaciones sociales, laborales, medio ambientales y de respeto a los derechos humanos que surgen de la relación y el diálogo transparentes con sus grupos de interés, responsabilizándose así de las consecuencias y los impactos que se derivan de sus acciones.

3.1. El ámbito de la RSE

El ámbito de la Responsabilidad Social de la Empresa es tanto interno como externo a la empresa. En su ámbito interno se refiere al respeto al medio ambiente y a los derechos de sus trabajadores a la libre negociación colectiva, a la igualdad de oportunidades entre hombres y mujeres, a la no discriminación por razón de edad, origen racial o étnico, religión o discapacidad, a la salud y seguridad laboral, y a la conciliación de la vida personal o familiar y laboral. En el ámbito externo se refiere al respeto a los derechos de los clientes y consumidores o de sus proveedores, a los Derechos Humanos y a la no connivencia con la corrupción o con el soborno, y la acción cultural, medioambiental o social de las empresas, entendida esta última como la asignación de recursos empresariales a proyectos relacionados con personas desfavorecidas en las comunidades donde opera la empresa.

3.2. Actores sociales de la RSE

Desde un punto de vista general, la RSE tiene como protagonistas, por un lado, a las empresas y a todas las organizaciones y asociaciones económicas o financieras, públicas o privadas, lucrativas o no lucrativas.

Por otro lado, son actores de la RSE diversos agentes de la sociedad civil: los trabajadores, consumidores y grupos ciudadanos de interés, representados por sindicatos, organizaciones de consumidores o usuarios, instituciones de inversión responsable, fundaciones, y Organizaciones No Gubernamentales.

3.3. La naturaleza social de la RSE

La RSE es un proceso de la propia sociedad, su objetivo es social porque se dirige a mejorar la función social de la empresa, más allá de la legislación vigente. En relación con este punto, el Foro también afirma que se debe entender la RSE como un proceso de diálogo y acuerdo social.

3.4. Políticas públicas de RSE

Es absolutamente lógico y positivo que las Administraciones Públicas se planteen el estímulo y la extensión de la RSE por entenderse como algo claramente conveniente para la economía nacional y para la sociedad. Los poderes públicos pueden y deben establecer políticas públicas como las siguientes:

▶ Unas políticas de promoción e incentivos de la RSE, aplicables no solo a las grandes empresas, sino también a las pymes.

▶ Se deben regular y universalizar los aspectos cruciales que dan credibilidad y rigor a la RSE: el reporte de las empresas a las partes interesadas y a la sociedad en general y la verificación de dicho reporte.

▶ Una tarea de fomento, es decir, de educación y formación, información y apoyo técnico para el desarrollo de la RSE entre los diversos agentes de la sociedad civil, en toda la sociedad en general, y entre las empresas y sus directivos en particular.

▶ Una consolidación de la voz de las partes interesadas, es decir, de los consumidores, los trabajadores, las organizaciones de la sociedad civil interesadas en la empresa, sean medioambientales, de Derechos Humanos, de desarrollo, etc.

▶ Una mediación entre estas y las empresas, mediante la creación de instrumentos de deliberación y concertación.

▶ Los poderes públicos tienen también que impulsar dentro del mismo Estado, en todas sus actividades económicas, empresas públicas y organismos públicos las mismas pautas de conducta responsable que intenta promover en la sociedad.

▶ Finalmente, los poderes públicos tienen que utilizar los criterios de la Responsabilidad Social como guía para toda la normativa administrativa, con el fin de proteger, entre otros, los derechos de los consumidores, no permitir las agresiones a los derechos humanos, alcanzar la máxima observancia de estándares laborales dignos y no discriminatorios, respetar el medioambiente y erradicar cualquier corrupción así como cualquier otro aspecto en el que se identifique una desprotección de derechos básicos.

3.5. La RSE y las inversiones socialmente responsables

En la medida en que ya existe un movimiento de exigencia de un comportamiento responsable de las empresas por parte de algunos inversores, las instituciones financieras están respondiendo a esta demanda con los denominados productos éticos o socialmente responsables. Las llamadas inversiones socialmente responsables se han constituido en una importante palanca positiva de cambio en este nuevo desarrollo de las empresas.

A medida que vamos adentrándonos en el estudio de la RSE vamos precisando los elementos que la conforman; en esta Unidad hemos pasado de las concepciones generales a las referencias concretas que traducen los postulados teóricos de la RSE a la práctica empresarial.

Además, dentro de esa actividad empresarial, hemos hecho hincapié en la importancia que debe tener la RSE en la nueva concepción de las pymes. El esfuerzo global que necesita la RSE no será efectivo si no cuenta con uno de los mayores motores de la economía, un sector que a la vez tiene una incidencia directa y cercana con su entorno social.

El final de la Unidad se ha dedicado a ofrecer un marco de reflexión que resume todo lo visto en el curso hasta este momento, un marco que proviene de los mayores expertos que existen en la materia en nuestro país.

UNIDAD DIDÁCTICA 4

Iniciativas en Responsabilidad Social corporativa

Contenido & Objetivos

Introducción

1. Iniciativas

2. Normativas

3. *Global Reporting Initiative* (GRI)

Los **objetivos** de esta unidad son:

1. Resumir las directrices generales de la Estrategia Española de Responsabilidad Social de las Empresas.

2. Recorrer las principales iniciativas autonómicas en materia de Responsabilidad Social Corporativa.

3. Determinar la normativa española específica sobre Responsabilidad Social Corporativa.

4. Descubrir el sistema de Responsabilidad Social Corporativa establecido por la organización internacional GRI (Global Reporting Initiative).

Introducción

En nuestro recorrido sobre el concepto de Responsabilidad Social Corporativa, cada unidad didáctica supone una mayor profundización en dicha noción, adentrándonos a cada paso en una mayor concreción práctica de los preceptos de una política responsable y sostenible en el mundo empresarial.

Aunque ya hemos anotado anteriormente en este curso algunas medidas implementadoras de la RSC a nivel nacional e internacional, nos centraremos ahora en las iniciativas públicas que han mostrado mayor relevancia e impacto en esta tarea, trasladando las directrices teóricas de la RSC a la práctica empresarial cotidiana a través del acuerdo y la negociación con los actores implicados.

Lo anterior será complementado con el apoyo a la implantación efectiva de la RSC que supone la actuación del legislador nacional, clave para un verdadero éxito del movimiento hacia una empresa socialmente responsable.

1.   Iniciativas

1.1.   La Estrategia Española de Responsabilidad Social de las Empresas 2014-2020

Como se adelantó en la Unidad 1, esta Estrategia supuso la implantación oficial en nuestro país de un impulso nacional en torno a la RSE. Desde el gobierno estatal, y con la colaboración de los principales actores implicados de la sociedad civil, la Estrategia se configuró como el marco a desarrollar para lograr una aplicación global del concepto de RSE.

La Estrategia Española de Responsabilidad Social de las Empresas marca cuatro objetivos y propone un total de diez líneas de actuación que parten de los siguientes principios:

► **Competitividad:** la puesta en marcha de actuaciones en materia de responsabilidad social se puede identificar también como una apuesta por la excelencia en la gestión de las empresas que redunda en la mejora de su posicionamiento en el mercado, en su productividad, rentabilidad y sostenibilidad. La responsabilidad social facilita la innovación al incorporar nuevas formas de gestión que favorecen la creación de nuevos productos y servicios, dando respuesta a retos sociales y ambientales.

► **Cohesión social:** la RSE debe aumentar la eficacia de las organizaciones en la promoción de la igualdad de oportunidades y la inclusión social. No puede existir una auténtica política responsable que no se ocupe suficientemente de la vertiente social. La valoración de la RSE por la sociedad, su mejor forma de promoción, requiere que los ciudadanos identifiquen la misma como un elemento de cohesión social para ayudar a reducir los efectos sociales de la crisis económica (principalmente la pérdida de puestos de trabajo) y con la creación de empleo.

▶ **Creación de valor compartido:** la aplicación de los criterios y valores de la RSE, en colaboración efectiva con los grupos de interés, contribuye a generar y reforzar el impacto positivo. Debe, al mismo tiempo, contribuir a identificar, prevenir y eliminar los impactos negativos y crear más valor no solo para la propia organización que los aplica, sino también para aquellos con los que lo comparte que son los principales grupos de interés involucrados en su actividad y la sociedad en general. El objetivo de dicha aplicación debe ser maximizar la creación de valor compartido para sus propietarios y/o accionistas y para las demás partes interesadas y la sociedad en sentido amplio, con el fin de identificar, prevenir y atenuar sus posibles consecuencias adversas.

▶ **Sostenibilidad:** la RSE se constituye como un instrumento para desarrollar organizaciones conscientes de su papel principal en el logro de un desarrollo humano, económico y medioambiental sostenido en el tiempo para las sociedades en las que se integran. Es posible una evolución justa y responsable hacia una economía más competitiva que dé lugar a un desarrollo sostenible y logre progreso social.

▶ **Transparencia:** la RSE contribuye a promover organizaciones ejemplares y transparentes, lo que redunda en un aumento de la credibilidad y de la confianza. Las empresas y organizaciones socialmente responsables dialogan con sus interlocutores y adquieren compromisos con sus grupos de interés, lo que facilita que estos puedan tomar decisiones mejor informadas. Ello repercute de manera directa en su reputación ante el resto de la sociedad. Una organización socialmente responsable debe considerar todos sus aspectos (económicos, sociales, laborales, medioambientales, buen gobierno, etc.). Una buena práctica en uno de los aspectos no puede ser considerada como un aval de RSE sin conocer y tener en consideración el resto de los aspectos.

Objetivos de la Estrategia

La Estrategia se vertebra en torno a los siguientes objetivos:

⇨ Objetivo 1. Impulsar y promover la RSE, tanto en las empresas, incluidas las pymes, como en el resto de organizaciones públicas y privadas, en sus actuaciones en los diversos ámbitos geográficos en los que operan.

⇨ Objetivo 2. Identificar y promover la RSE como atributo de competitividad, de sostenibilidad y de cohesión social.

⇨ Objetivo 3. Difundir los valores de la RSE en el conjunto de la sociedad.

⇨ Objetivo 4. Crear un marco de referencia común para todo el territorio en materia de RSE, que garantice el cumplimiento y respeto de los principios de la Ley 20/2013, de 9 de diciembre, de Garantía de la Unidad de Mercado en esta materia.

Estos cuatro objetivos, que parten de los cinco principios anteriores, tenían como premisa esencial la búsqueda de la competitividad, la cohesión social y el respeto a la unidad de mercado.

Para avanzar en estos objetivos, se establecieron varias líneas de actuación para orientar las prioridades tanto de las empresas y organizaciones como de los poderes públicos. Las diez líneas de actuación en torno a las cuales se agruparon las medidas de la Estrategia son las siguientes:

1. Promoción de la RSE como elemento impulsor de organizaciones más sostenibles.

2. Integración de la RSE en la educación, la formación y en la investigación.

3. Buen Gobierno y transparencia como instrumentos para el aumento de la confianza.

4. Gestión responsable de los recursos humanos y fomento del empleo.

5. Inversión socialmente responsable e I+D+i.

6. Relación con los proveedores.

7. Consumo responsable.

8. Respeto al medioambiente.

9. Cooperación al desarrollo.

10. Coordinación y participación.

1.2. Iniciativas autonómicas

1.2.1. Andalucía

Desde la Junta de Andalucía se realizan diversas actuaciones para fomentar la adopción de conductas socialmente responsables por parte de las empresas, destacando entre otras el *Acuerdo del Consejo de Gobierno, por el que se impulsa la incorporación de cláusulas sociales y ambientales en los contratos de la Comunidad Autónoma de Andalucía*, que recogerán estipulaciones dirigidas a lograr objetivos de política social, ética y medioambiental que garanticen oportunidades de empleo, trabajo digno, inclusión social, igualdad de oportunidades, conciliación familiar, comercio ético y respeto al medio ambiente, entre otros.

También se vienen realizando actuaciones de impulso de la RSE como las relacionadas con la inserción laboral, el refuerzo de la sostenibilidad ambiental y social (a través del Fondo -reembolsable- de Economía Sostenible en Andalucía), concertación de recomendaciones para la incorporación a la negociación colectiva de cuestiones relacionadas con la igualdad y la conciliación, impulso específico de la RSE para autónomos, economía social y emprendedores, fomento de la formulación de planes de igualdad y conciliación y promoción de la adopción de buenas prácticas ambientales y voluntariado ambiental.

Acuerdo de 18 de octubre de 2016, del Consejo de Gobierno, por el que se impulsa la incorporación de cláusulas sociales y ambientales en los contratos de la Comunidad Autónoma de Andalucía:

https://www.juntadeandalucia.es/eboja/2016/203/BOJA16-203-00003-18282-01_00100614.pdf

1.2.2. Aragón

El Gobierno de Aragón, conjuntamente con CEOE Aragón, CEPYME Aragón, UGT Aragón y CCOO Aragón ponen en marcha el *Plan de Responsabilidad Social de Aragón*, con el objetivo de promover la Responsabilidad Social Empresarial en los autónomos/as, empresas y todo tipo de organizaciones públicas y privadas de la Comunidad Autónoma de Aragón, para que implanten y apliquen prácticas socialmente responsables.

El Plan de Responsabilidad Social se ha creado partiendo de la base de varios conceptos en los que se hace hincapié con los participantes: SENSIBILIZACIÓN, COMPROMISO, FORMACIÓN Y TRANSPARENCIA. El Plan RSA pretende llegar al mayor número posible de Autonomos/as, pymes, Grandes Empresas y Entidades no lucrativas sin excluir a ningún colectivo, difundiendo los principios de la Responsabilidad Social de manera que vayan calando entre el tejido empresarial de Aragón y formando a todos los participantes en las sesiones presenciales a las que es obligatorio asistir.

Solicitud de inscripción en el programa Aragón Empresa:

https://www.aragonempresa.com/adhesion/?linea=R

1.2.3. Cantabria

"Cantabria Responsable" es un programa de promoción de la Responsabilidad Social Corporativa (RSC) entre las empresas cántabras. Mediante su puesta en marcha se pretende impulsar la inclusión de la RSC en la gestión de las empresas desde el ámbito social, económico y medioambiental. A través de este programa las empresas de Cantabria podrán:

⇨ Obtener toda la información en materia de responsabilidad social.

⇨ Encontrar ejemplos de buenas prácticas y propuestas de actividades para aplicar la RSC.

⇨ Ofrecer recursos materiales o humanos para colaborar con las entidades sin ánimo de lucro.

⇨ Publicar sus experiencias a través de las herramientas de comunicación corporativas puestas en marcha.

⇨ Formar parte activa del colectivo empresarial más responsable.

1.2.4. Castilla y León

En esta Comunidad Autónoma la Responsabilidad Social Empresarial (RSE), ha sido motivo de interés desde hace muchos años. En el I Acuerdo Marco para Competitividad e Innovación Industrial, suscrito en el año 2005, se dedicaba un capítulo específico a la RSE de las empresas. Con la aprobación, en el 2014, del III Acuerdo Marco para la Competitividad e Innovación Industria 2014-2020, se incluye el *Plan de Responsabilidad Social Empresarial de Castilla y León 2014-2020*.

Como un ejemplo de RSE, por parte de la Junta de Castilla y León, desde el año 2012 se ha aplicado directrices vinculantes para los órganos de contratación de la Administración de Castilla y León sobre reserva de contratos a centros especiales de empleo y empresas de inserción e incorporación de cláusulas sociales en la contratación pública. Además la Junta de Castilla y León en las ofertas públicas de empleo reserva un cupo como mínimo del 10% para su cobertura por las personas con discapacidad, y del mismo podrá destinarse hasta un 10% para las personas con discapacidad que presentan especiales dificultades.

 Plan de responsabilidad social empresarial de Castilla y León:

https://sirdoc.ccyl.es/Biblioteca/Dosieres/DL181Modificacion-Voluntariado/pdfs/CyL-PlanRespEmpresarial.pdf

1.2.5. Extremadura

La publicación de Ley 15/2010 de RSE de Extremadura supuso el punto de partida para el desarrollo e implantación de la Responsabilidad Social en esta Comunidad Autónoma. Entre los logros obtenidos podemos citar la creación del Consejo Autonómico para el fomento de la Responsabilidad Social, la Oficina de Responsabilidad Social dentro de la propia administración autonómica, el diseño de la aplicación de autoevaluación ORSE, la puesta en marcha de un sistema de cualificación de personas verificadoras de información no financiera, la homologación de estándares de RSE para garantizar la unidad de mercado, el diseño y la participación en proyectos europeos con los que crear una red europea de responsabilidad social y la elaboración de memorias de RSE de la Junta de Extremadura.

La labor fundamental de la Junta de Extremadura en materia de Responsabilidad Social es la información y el asesoramiento a las empresas y personas trabajadoras autónomas sobre la implantación de la RSE y la difusión de estos valores entre la ciudadanía.

Plan de responsabilidad social empresarial de Castilla y León:

https://www.mites.gob.es/ficheros/rse/documentos/ccaa/cyl/Plan_RSE_2014-2020.pdf

1.2.6. Galicia

Esta Comunidad Autónoma apuesta por la RSE desde 2007, cuando se firmó el "Acuerdo a favor de la Responsabilidad Social Empresarial en Galicia", que establecía un conjunto de acciones a llevar a cabo como el impulso a la implantación en las empresas de sistemas de gestión, la promoción de los valores de la RSE, la creación del Observatorio RSE de Galicia o la habilitación de diferentes líneas de ayuda.

En 2012, la Xunta de Galicia fue una de las primeras administraciones en poner en marcha un plan específico de RSE: Plan Estratégico 2012-2014, siendo más tarde sustituida por la Estrategia de RSE 2017-2020, incluida en la Agenda 20 para el Empleo.

Estrategia Gallega RSE:

https://rse.xunta.gal/index.php/es/estrategia-gallega-rse

1.2.7. Navarra

Desde 2008 el Gobierno de Navarra viene impulsando la integración progresiva de la responsabilidad social en las empresas de la Comunidad Foral. Navarra cuenta con un sistema de gestión propio, InnovaRSE, sistema que incluye, además de la Metodología para implantar la RS en las empresas en cuatro fases (diagnóstico, plan de actuación, memoria de sostenibilidad y ciclo de mejora), la formación de consultores/as que guían a las empresas en la implantación de la metodología y que son homologados por Gobierno de Navarra para ello; convocatoria anual de ayudas a empresas para su implantación; un protocolo de acreditación InnovaRSE a través de unos sellos que las empresas obtienen en la implantación de cada fase, y una jornada anual de reconocimiento público a todas las empresas InnovaRSE.

Responsabilidad social para empresas y profesionales:

https://www.navarra.es/es/rsc

2. Normativas

2.1. Origen de la normativa española específica sobre Responsabilidad Social Corporativa

El estudio de la Responsabilidad Social Corporativa ha necesitado desde su comienzo el conocimiento de un conjunto de normas internacionales. En este epígrafe centraremos el estudio en aquellas normas que enmarcan la actividad empresarial de nuestro país.

La normativa española sobre RSC se fundamenta en una norma europea, la *Directiva 2014/95/UE del Parlamento Europeo y del Consejo, de 22 de octubre de 2014, que, a su vez, modificaba la Directiva 2013/34/UE sobre la divulgación de información no financiera e información sobre diversidad por parte de determinadas grandes empresas*. El objetivo de esta norma afectaba a todas las áreas de una empresa, se trataba de identificar riesgos para mejorar la sostenibilidad y aumentar la confianza de los inversores, los consumidores y la sociedad en general a través de la divulgación de información no financiera, como pueden ser los factores sociales y medioambientales ligados a la actividad empresarial. De esta forma, el organismo europeo se marcaba el objetivo de medir, supervisar y gestionar el rendimiento de las empresas desde varios puntos de vista y áreas de negocio, así como de su impacto social y medioambiental.

En España, la principal norma que se encarga de trasponer los requerimientos marcados por Europa es la *Ley 11/2018, de Información no Financiera y Diversidad*

(LINF), publicada en el Boletín Oficial del Estado (BOE) el 29 de diciembre de 2018. El texto venía a subsanar una carencia histórica, ya que antes de su aprobación, la información relativa a las campañas de RSC en España quedaba fuera de los límites legales. Con su puesta en marcha, nuestro país no solo ponía remedio a esta circunstancia, sino que se situaba como uno de los Estados miembros más avanzados en cuanto a exigencias de transparencia y cumplimiento de requisitos legales sobre las acciones de Responsabilidad Social Corporativa.

 Desde 2021, la legislación nacional sobre Responsabilidad Social Corporativa afecta a todas las empresas con más de 250 empleados (en el momento de su aprobación se limitaba a aquellas por encima de 500 empleados) y que sean consideradas de interés público. También incluye a aquellas cuyas partidas de activos sean superiores a 20 millones de euros o con importes netos anuales de 40 millones de euros. La normativa española sobre Responsabilidad Social Corporativa establece la obligación de informar acerca de los distintos aspectos de su actividad que ayuden a comprender su evolución, sus resultados, la situación del grupo y el impacto de su actividad en el entorno, para convertir a las organizaciones en socialmente responsables.

La **Ley 11/2018, de Información no Financiera y Diversidad**, presenta las siguientes áreas de regulación:

1. **Medioambiente:** es uno de los aspectos más destacados de la normativa española sobre RSC. La Ley establece que las empresas están obligadas a informar acerca de cuestiones como la contaminación o las medidas destinadas a prevenir, reducir o reparar las emisiones que afectan gravemente al planeta. También hay un apartado específico destinado a la economía circular y a la prevención y gestión de residuos, donde se incluyen medidas de prevención, reciclaje y reutilización y otras formas de recuperación y eliminación de desechos, o acciones para combatir el desperdicio de alimentos. El uso sostenible de recursos naturales como el agua y otras materias primas, así como las medidas adoptadas para mejorar la eficiencia de su uso, también ocupan un lugar destacado en el texto. De la misma forma que, por supuesto, hay un capítulo para la energía, donde, entre otros aspectos, se exige especificar aquellas medidas adoptadas por las empresas para mejorar su eficiencia energética o el uso que hacen de las energías renovables. Cambio climático, reducción de emisiones de efecto invernadero o protección de la biodiversidad son otros epígrafes ambientales incluidos en el texto legal.

2. **Aspectos sociolaborales:** en la ley se reflejan una serie de obligaciones en cuanto a la información que deben facilitar las compañías en esta materia: datos acerca del número total y distribución de empleados por sexo, edad, país y clasificación profesional, modalidades de contratación, despidos, planes de igualdad, remuneraciones medias de personal, consejeros y directivos, así como de medidas contra la brecha salarial u otro tipo de discriminación. Por lo que se refiere a las relaciones de la empresa con su comunidad, se insta a las empresas a facilitar información acerca de su compromiso con el desarrollo sostenible o del impacto que sus actividades provocan en el empleo, el desarrollo local, sus poblaciones locales o el territorio. Las relaciones mantenidas con los actores de las comunidades locales y las modalidades de diálogo con estos o las acciones de asociación o patrocinio también son objeto de escrutinio.

3. **Derechos Humanos:** la LINF también hace referencia expresa al respeto por los Derechos Humanos. En concreto, especifica la necesidad de aplicación de procedimientos de diligencia debida en materia de derechos humanos, la prevención de los riesgos de vulneración de los mismos y, en su caso, a medidas para mitigar, gestionar y reparar posibles abusos.

4. **Transparencia y buen gobierno:** la ley exige la presentación de información sobre medidas adoptadas para prevenir la corrupción y el soborno o el blanqueo de capitales.

5. **Rendición de cuentas:** la normativa española sobre RSC permite a las empresas dos modalidades de presentación de esta información no financiera: mediante un informe de gestión o a través de un informe separado. En la primera modalidad, los administradores de la sociedad están obligados a presentar este informe de gestión en el plazo de tres meses a partir del cierre del ejercicio, y la información incluida en el mismo deberá estar verificada por una entidad independiente; la misión de esta entidad será asegurarse de que el estado de información no financiera está libre de errores relevantes y contiene toda la información exigida por la ley. En la segunda, el informe separado deberá corresponder al mismo ejercicio e indicar de manera expresa que la información forma parte del informe de gestión. Además, esta información deberá ser accesible de forma gratuita en la página web de la compañía en los seis meses siguientes al cierre del ejercicio y durante cinco años.

2.2. Otras normas españolas con incidencia en la RSC

2.2.1. Ley 2/2011, de 4 de marzo, de Economía Sostenible

El artículo 39 de esta norma está dedicado a la promoción de la responsabilidad social de las empresas. Con el objetivo de incentivar a las empresas, organizaciones e instituciones públicas o privadas, especialmente a las pequeñas y medianas y a las empresas individuales, a incorporar o desarrollar políticas de responsabilidad social, las Administraciones Públicas mantendrán una política de promoción de la responsabilidad social, difundiendo su conocimiento y las mejores prácticas existentes y estimulando el estudio y análisis sobre los efectos en materia de competitividad empresarial de las políticas de responsabilidad social.

En particular, el Gobierno pondrá a su disposición un conjunto de características e indicadores para su autoevaluación en materia de responsabilidad social, así como modelos o referencias de reporte, todo ello de acuerdo con los estándares internacionales en la materia.

El conjunto de características, indicadores y modelos de referencia a que se refiere el apartado anterior deberá atender especialmente a los objetivos de transparencia en la gestión, buen gobierno corporativo, compromiso con lo local y el medioambiente, respeto a los derechos humanos, mejora de las relaciones laborales, promoción de la integración de la mujer, de la igualdad efectiva entre mujeres y hombres, de la igualdad de oportunidades y accesibilidad universal de las personas con discapacidad y del consumo sostenible, todo ello de acuerdo con las recomendaciones que, en este sentido, haga el Consejo Estatal de la Responsabilidad Social Empresarial (CERSE), constituido por el Real Decreto 221/2008, de 15 de febrero.

Las sociedades anónimas podrán hacer públicos con carácter anual sus políticas y resultados en materia de Responsabilidad Social Empresarial a través de un informe específico basado en los objetivos, características, indicadores y estándares internacionales mencionados en los apartados anteriores. En todo caso, en dicho informe específico deberá constar si ha sido verificado o no por terceras partes.

En el caso de sociedades anónimas de más de 1.000 asalariados, este informe anual de Responsabilidad Social Empresarial será objeto de comunicación al Consejo Estatal de Responsabilidad Social Empresarial que permita efectuar un adecuado seguimiento sobre el grado de implantación de las políticas de Responsabilidad Social Empresarial en las grandes empresas españolas.

Asimismo, cualquier empresa podrá solicitar voluntariamente ser reconocida como empresa socialmente responsable, de acuerdo con las condiciones que determine el Consejo Estatal de Responsabilidad Social Empresarial.

 Ley 2/2011, de 4 de marzo, de Economía Sostenible:

https://www.boe.es/buscar/act.php?id=BOE-A-2011-4117

2.2.2. Real Decreto 221/2008, de 15 de febrero, por el que se crea y regula el Consejo Estatal de Responsabilidad Social de las Empresas

Ya hemos citado en el apartado anterior algunas de las funciones de este órgano colegiado interministerial, de carácter asesor y consultivo del Gobierno, de composición cuatripartita y paritaria, que se adscribe al Ministerio competente en Trabajo, a través de la Secretaría General de Empleo. Estará encargado del impulso y fomento de las políticas de Responsabilidad Social de las Empresas y se constituye en el marco de referencia para el desarrollo de esta materia en España.

Los objetivos del Consejo serán:

a) Constituir un foro de debate sobre Responsabilidad Social de las Empresas entre las organizaciones empresariales y sindicales más representativas, Administraciones públicas y otras organizaciones e instituciones de reconocida representatividad en el ámbito de la Responsabilidad Social de las Empresas que sirva como marco de referencia para el desarrollo de la Responsabilidad Social de las Empresas en España.

b) Fomentar las iniciativas sobre Responsabilidad Social de las Empresas, proponiendo al Gobierno, en el marco de sus funciones asesoras y consultivas, medidas que vayan en ese sentido, prestando una atención especial a la singularidad de las pymes.

c) Informar, en su caso, sobre las iniciativas y regulaciones públicas que afecten a las actuaciones de empresas, organizaciones e instituciones públicas y privadas, que constituyen un valor añadido al cumplimiento de sus obligaciones legales, contribuyendo a la vez al progreso social y económico en el marco de un desarrollo sostenible.

d) Promocionar estándares y/o características de las memorias y/o informes de Responsabilidad Social de las Empresas y de sostenibilidad, así como herramientas más adecuadas para su elaboración y seguimiento.

e) Analizar el desarrollo de la Responsabilidad Social de las Empresas en España, la Unión Europea y países terceros, e informar sobre actuaciones en materia de Responsabilidad Social de las Empresas.

El Consejo estará compuesto por:

⇨ La Presidencia, asumida por la persona titular del Ministerio de Trabajo.

⇨ Catorce vocalías en representación de las organizaciones empresariales.

⇨ Catorce vocalías en representación de las organizaciones sindicales.

⇨ Catorce vocalías en representación de otras organizaciones e instituciones de reconocida representatividad e interés en el ámbito de la Responsabilidad Social de las Empresas.

⇨ Catorce vocalías en representación de las Administraciones Públicas. De ellas, diez serán de la Administración General del Estado; tres serán en representación de las Comunidades Autónomas y de las ciudades autónomas de Ceuta y Melilla, designadas por la Conferencia Sectorial de Empleo y Asuntos Laborales y una designada por la asociación de entidades locales más representativa de ámbito estatal, en representación de las entidades locales.

 Real Decreto 221/2008, de 15 de febrero, por el que se crea y regula el Consejo Estatal de Responsabilidad Social de las Empresas

https://www.boe.es/buscar/act.php?id=BOE-A-2008-3868

2.2.3. Ley Orgánica 3/2007, de 22 de marzo, para la igualdad efectiva de mujeres y hombres

El Título VII de esta norma se denomina "La igualdad en la responsabilidad social de las empresas", comenzando por la legitimación que poseen las empresas para asumir la realización voluntaria de acciones de responsabilidad social, consistentes en medidas económicas, comerciales, laborales, asistenciales o de otra naturaleza, destinadas a promover condiciones de igualdad entre las mujeres y los hombres en el seno de la empresa o en su entorno social.

La realización de estas acciones podrá ser concertada con la representación de los trabajadores y las trabajadoras, las organizaciones de consumidores y consumidoras y usuarios y usuarias, las asociaciones cuyo fin primordial sea la defensa de la igualdad de trato entre mujeres y hombres y los Organismos de Igualdad. Se informará a los representantes de los trabajadores de las acciones que no se concierten con los mismos.

El artículo 74 permite a las empresas hacer uso publicitario de sus acciones de responsabilidad en materia de igualdad, de acuerdo con las condiciones establecidas en la legislación general de publicidad. El Instituto de la Mujer, u órganos equivalentes de las Comunidades Autónomas, estarán legitimados para ejercer la acción de cesación cuando consideren que pudiera haberse incurrido en supuestos de publicidad engañosa.

Esta Ley también invitaba a las sociedades obligadas a presentar cuenta de pérdidas y ganancias no abreviadas a procurar incluir en su Consejo de administración un número de mujeres que permitiera alcanzar una presencia equilibrada de mujeres y hombres en un plazo de ocho años a partir de la entrada en vigor de la Ley (cosa que ocurrió en 2015 sin que la recomendación calase profundamente).

Ley Orgánica 3/2007, de 22 de marzo, para la igualdad efectiva de mujeres y hombres:

https://www.boe.es/buscar/act.php?id=BOE-A-2007-6115

3. *Global Reporting Initiative* (GRI)

3.1. Historia y objetivos

GRI *(Global Reporting Initiative)* es la organización internacional independiente que ayuda a las empresas y otras organizaciones a asumir la responsabilidad de sus impactos, proporcionándoles el lenguaje común global para comunicar esos impactos.

La Secretaría de GRI tiene su sede en Ámsterdam, Países Bajos, y cuenta con una red de siete oficinas regionales repartidas en todo el mundo.

GRI trabaja con empresas, inversionistas, legisladores, sociedad civil, organizaciones laborales y otros expertos para desarrollar los **Estándares GRI** y promover su uso por parte de organizaciones de todo el mundo. Usadas por más de diez mil organizaciones en más de cien países, las Normas están promoviendo la práctica de los informes de sostenibilidad y permitiendo que las organizaciones y sus partes interesadas tomen medidas que generen beneficios económicos, ambientales y sociales para todos.

Según lo confirmado por la investigación de 2022 de KPMG, los Estándares GRI siguen siendo los estándares de informes de sostenibilidad más utilizados a nivel mundial.

GRI se fundó en Boston (EE. UU.) en 1997 a raíz de la protesta pública por el daño ambiental del derrame de petróleo del Exxon Valdez, ocho años antes. Sus raíces se encuentran en las organizaciones sin fines de lucro CERES y el Instituto Tellus, con la participación del Programa de las Naciones Unidas para el Medio Ambiente. El objetivo era crear el primer mecanismo de rendición de cuentas para garantizar que las empresas se adhieran a los principios de conducta ambiental responsable, que luego se amplió para incluir cuestiones sociales, económicas y de gobernanza.

La primera versión de lo que entonces eran las Directrices GRI (G1) publicada en 2000, proporcionó el primer marco global para la elaboración de informes de sostenibilidad. Al año siguiente, GRI se estableció como una institución independiente sin fines de lucro. En 2002, la Secretaría de GRI se trasladó a Ámsterdam (Países Bajos) y se lanzó la primera actualización de las Directrices (G2). A medida que crecía constantemente la demanda de informes GRI y la aceptación por parte de las organizaciones, las Directrices se ampliaron y mejoraron, lo que llevó a G3 (2006) y G4 (2013).

Con la participación en los informes de sostenibilidad extendiéndose por todo el mundo, GRI comenzó a abrir una serie de oficinas regionales. Esto condujo al establecimiento de la red actual, con ubicaciones en Brasil (2007), China (2009), India (2010), EE. UU. (2011), Sudáfrica (2013), Colombia (2014) y Singapur (2019). Las conferencias globales de GRI se llevaron a cabo (en Ámsterdam) en 2006, 2008, 2010 y 2016, con un enfoque en eventos y cumbres regionales o virtuales más regulares desde entonces.

En 2016, GRI pasó de proporcionar pautas a establecer los primeros estándares globales para informes de sostenibilidad: los Estándares GRI. Los Estándares continúan actualizándose y agregándose, incluidos los nuevos Estándares sobre impuestos (2019) y Residuos (2020), una actualización importante de los Estándares universales (2021) y la implementación continua de los Estándares sectoriales (2021 en adelante).

3.2. Los estándares GRI

3.2.1. Propósito y usuarios de los Estándares GRI

 El objetivo de la elaboración de informes de sostenibilidad conforme a los Estándares de elaboración de informes de sostenibilidad de GRI (Estándares GRI) es ofrecer transparencia en lo relativo a cómo una organización contribuye o pretende contribuir al desarrollo sostenible. Los Estándares GRI permiten que una organización declare públicamente sus impactos más significativos en la economía, el medioambiente y las personas, incluidos los impactos que afectan a los derechos humanos, y cómo gestiona estos impactos. Esto mejora la transparencia en lo que respecta a los impactos de la organización y aumenta la rendición de cuentas de la organización.

Los Estándares incluyen contenidos que facilitan que una organización presente información acerca de sus impactos de forma coherente y creíble. Esto mejora la comparabilidad y la calidad globales de la información acerca de los impactos, ayudando a los usuarios de la información a hacer evaluaciones y tomar decisiones informadas acerca de los impactos y de la contribución de la organización al desarrollo sostenible.

Los Estándares GRI toman como base las expectativas de conducta empresarial responsable establecidas en instrumentos intergubernamentales oficiales, como las Líneas Directrices de la Organización para la Cooperación y el Desarrollo Económicos (OCDE) para Empresas Multinacionales y los Principios Rectores sobre las Empresas y los Derechos Humanos de las Naciones Unidas (ONU). La información presentada conforme a los Estándares GRI puede ayudar a los usuarios a determinar si una organización cumple las expectativas establecidas en estos instrumentos. Es importante tener en cuenta que los Estándares GRI no establecen asignaciones, umbrales, metas, objetivos ni ninguna otra referencia de buen o mal desempeño.

Los Estándares GRI pueden ser utilizados por cualquier tipo de organización (independientemente de su tamaño, tipo, ubicación geográfica o experiencia en la elaboración de informes) para presentar información sobre sus impactos en la economía, el medio ambiente y las personas, incluidos los impactos que afectan a sus derechos humanos. La organización puede emplear la información presentada en su toma de decisiones, por ejemplo, a la hora de establecer objetivos y metas o de evaluar y aplicar sus políticas y prácticas.

Los grupos de interés y otros usuarios de la información pueden utilizar los Estándares GRI para comprender sobre qué temas es esperable que presenten información las organizaciones. Los grupos de interés también pueden utilizar la información presentada por una organización para evaluar cómo les afectan o podrían afectarles sus actividades.

 En los Estándares GRI, el término "usuarios de la información" se refiere a todos estos diferentes usuarios de la información presentada por la organización.

3.2.2. Sistema de los Estándares GRI

Los Estándares GRI se estructuran como un sistema de estándares interrelacionados organizados en tres series: Estándares Universales GRI, Estándares Sectoriales GRI y Estándares Temáticos GRI. Todas las organizaciones que elaboran informes conforme a los Estándares GRI utilizan los Estándares Universales. Las organizaciones emplean los Estándares Sectoriales según los sectores en los que operan y los Estándares Temáticos en función de su lista de temas materiales.

▶ **Estándares Universales: GRI 1, GRI 2 y GRI 3:**

- La organización empieza por consultar GRI 1: Fundamentos 2021. GRI 1 presenta el propósito y el sistema de los Estándares GRI y explica conceptos clave para la elaboración de informes de sostenibilidad. También define los requerimientos y los principios para la elaboración de informes que la organización debe cumplir para elaborar sus informes conforme a los Estándares GRI.

- GRI 2: Contenidos Generales 2021 incluye contenidos que la organización utiliza para presentar información sobre sus prácticas de elaboración de informes y otros detalles organizativos, como sus actividades, gobernanza y políticas. Esta información permite profundizar en el perfil y la escala de la organización y proporciona un contexto para entender sus impactos.

- GRI 3: Temas Materiales 2021 ofrece una guía paso a paso para determinar los temas materiales. GRI 3 también incluye contenidos que la organización utiliza para presentar información acerca de su proceso de determinación de los temas materiales y su lista de temas materiales y sobre cómo gestiona cada tema.

▶ **Estándares Sectoriales:** los Estándares Sectoriales proporcionan información a la organización sobre sus posibles temas materiales. La organización emplea los Estándares Sectoriales que son de aplicación a sus sectores para determinar sus temas materiales y la información por presentar en relación con sus temas materiales.

▶ **Estándares Temáticos:** los Estándares Temáticos incluyen contenidos para que la organización presente información sobre sus impactos relativos a ciertos temas. Los Estándares Temáticos abarcan una gran variedad de temas. La organización usa los Estándares Temáticos según la lista de temas materiales que ha determinado con GRI 3.

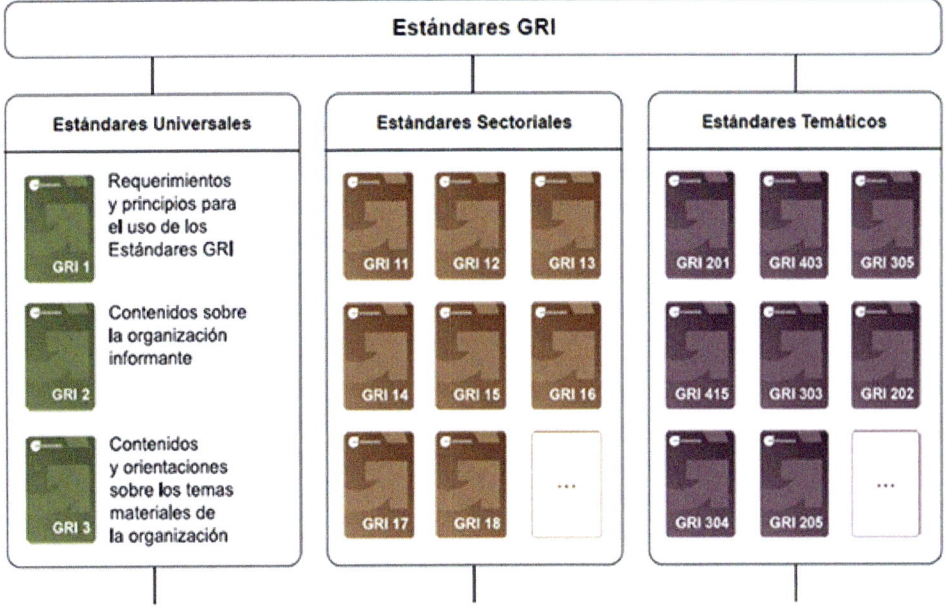

Estándares GRI

Estándares Universales	**Estándares Sectoriales**	**Estándares Temáticos**

Estándares Universales:
- GRI 1 — Requerimientos y principios para el uso de los Estándares GRI
- GRI 2 — Contenidos sobre la organización informante
- GRI 3 — Contenidos y orientaciones sobre los temas materiales de la organización

Estándares Sectoriales: GRI 11, GRI 12, GRI 13, GRI 14, GRI 15, GRI 16, GRI 17, GRI 18, ...

Estándares Temáticos: GRI 201, GRI 403, GRI 305, GRI 415, GRI 303, GRI 202, GRI 304, GRI 205, ...

Aplicar los tres Estándares Universales a su presentación de informes

Usar los Estándares Sectoriales que sean aplicables a sus sectores

Seleccionar los Estándares Temáticos para presentar información específica sobre sus temas materiales

Esta Unidad didáctica nos ha mostrado la gran implantación que posee la RSC en el contexto socioeconómico contemporáneo. Implantación a todos los niveles a los que nos refiramos; si hablamos del ámbito geográfico hemos observado cómo la RSC se extiende desde el terreno internacional al espacio más local, desde la multinacional más compleja a la pyme de origen familiar.

En el ámbito normativo sucede exactamente lo mismo, tanto las normas internacionales como las de nuestro país y nuestras regiones se han interesado en la RSC, proponiendo políticas para su desarrollo.

El conocimiento de la posición global de la RSC ha finalizado en esta Unidad con una de las herramientas más universales para su desarrollo, la organización y el sistema GRI.

71

UNIDAD DIDÁCTICA 5

La gestión en la Responsabilidad Social Corporativa

Contenido & Objetivos

Introducción

1. Conceptos básicos

2. Fases de gestión

Los **objetivos** de esta unidad son:

1. Aplicar en la realidad empresarial las nociones de Responsabilidad Social Corporativa.

2. Delimitar los conceptos básicos de la gestión de la Responsabilidad Social Corporativa desde el punto de vista de la organización GRI *(Global Reporting Initiative)*.

3. Abordar los procesos a través de los cuales las organizaciones integran en su gestión y operaciones la Responsabilidad Social Corporativa.

4. Visitar los modelos de gestión de Responsabilidad Social Corporativa más relevantes.

Introducción

La Responsabilidad Social Corporativa no puede quedarse en un conjunto de grandes deseos que sirvan simplemente para cubrir las apariencias. Toda organización que desee ser tomada en serio en esta materia debe crear mecanismos específicos para poner en práctica los conceptos teóricos que hemos aprendido en las unidades anteriores.

Hay muchos modelos de gestión de la RSC que se centran en la tarea citada; en esta unidad estudiaremos los más destacados, descubriendo que existen diversos caminos para implementar las directrices de una organización responsable. Antes de esa labor definiremos algunos conceptos claves que nos servirán de base para comprender cualquier gestión de la RSC.

Haremos una continuación de la última sección de la Unidad didáctica anterior, ya que mostraremos los conceptos básicos de la gestión de la RSC desde el punto de vista de la organización GRI (Global Reporting Initiative).

Veremos también una serie de conceptos básicos (exceptuando el importante concepto de "grupos de interés", que será analizado en la Unidad 7) que sirven además como fundamento para la elaboración de informes de sostenibilidad.

1. Conceptos básicos

1.1. Impacto

 En los Estándares GRI, el término impacto se refiere al efecto que una organización tiene o podría tener sobre la economía, el medio ambiente y las personas, incluidos los impactos sobre los derechos humanos, como resultado de sus actividades o de sus relaciones comerciales.

Los impactos pueden ser reales o potenciales, negativos o positivos, de corto o largo plazo, intencionados o no intencionados, y reversibles o irreversibles. Estos impactos son indicativos de la contribución, negativa o positiva, de la organización al desarrollo sostenible.

Los impactos de la organización sobre la economía se refieren a los impactos sobre los sistemas económicos a nivel local, nacional y mundial. Una organización puede tener un impacto sobre la economía a través de, por ejemplo, sus prácticas competitivas y de abastecimiento, y de los impuestos y pagos para los gobiernos.

Los impactos de la organización sobre el medioambiente se refieren a los impactos sobre los organismos vivos y los elementos inertes, incluidos el aire, la tierra, el agua y los ecosistemas. Una organización puede tener un impacto sobre el medioambiente a través de, por ejemplo, el uso que hace de la energía, la tierra, el agua y otros recursos naturales.

Los impactos de la organización sobre las personas se refieren a los impactos sobre individuos y grupos, como comunidades, grupos vulnerables o la sociedad. Esto incluye los impactos que la organización tiene sobre los derechos humanos de las personas. Una organización puede tener un impacto sobre las personas a través de, por ejemplo, sus prácticas de empleo (por ejemplo, los salarios que paga a sus empleados), su cadena de suministro (por ejemplo, las condiciones de trabajo de los trabajadores de sus proveedores) y sus productos y servicios (por ejemplo, su seguridad o accesibilidad). Los individuos o grupos con intereses que se ven afectados o podrían verse afectados por las actividades de la organización se denominan grupos de interés.

Los impactos sobre la economía, el medioambiente y las personas están interrelacionados. Por ejemplo, los impactos de una organización sobre la economía y el medioambiente pueden derivar en impactos sobre las personas y sus derechos humanos. Asimismo, los impactos positivos de una organización pueden derivar en impactos negativos y viceversa. Por ejemplo, los impactos positivos de una organización sobre el medioambiente pueden ocasionar impactos negativos sobre las personas y sus derechos humanos.

1.2. Temas materiales

Una organización puede identificar muchos impactos sobre los que presentar información. Al usar los Estándares GRI, la organización da prioridad a presentar información sobre los temas que representan sus impactos más significativos sobre la economía, el medioambiente y las personas, incluidos los impactos sobre los derechos humanos. En los Estándares GRI, estos son los temas materiales de la organización.

Algunos ejemplos de temas materiales son anticorrupción, salud y seguridad en el trabajo o agua y efluentes. No es necesario que un tema quede limitado a impactos sobre la economía, el medioambiente o la salud, puede abarcar impactos en los tres aspectos. Por ejemplo, una organización podría determinar que "agua y efluentes" es un tema material en base a los impactos que el uso que hace del agua tiene sobre los ecosistemas y sobre el acceso al agua de las comunidades locales. Los Estándares GRI agrupan los impactos en temas, como "agua y efluentes", para ayudar a las organizaciones a informar de forma integral acerca de diferentes impactos relacionados con el mismo tema.

El proceso de determinación de los temas materiales se basa en la identificación y evaluación continuas de los impactos por parte de la organización. La identificación y evaluación continuas de los impactos implica la participación de los grupos de interés y los expertos pertinentes y se realiza independientemente del proceso de elaboración de informes de sostenibilidad.

1.3. Debida diligencia

> En los Estándares GRI, el término debida diligencia se refiere al proceso mediante el que una organización identifica, previene, mitiga y justifica su forma de gestionar sus impactos significativos reales y para la economía, el medio ambiente y las personas, incluidos los impactos que afectan a sus derechos humanos.

La organización debería abordar los posibles impactos negativos mediante prevención o mitigación. Debería abordar los impactos negativos reales mediante remediación en los casos en los que la organización reconozca que ha causado dichos impactos o que ha contribuido a ellos.

La forma en que la organización está relacionada con los impactos negativos (es decir, si ocasiona los impactos o contribuye a ellos o si están directamente vinculados a través de sus relaciones comerciales) determina cómo debe abordarlos. También determina si la organización tiene la responsabilidad de proporcionar una remediación o colaborar con ella. La organización debería:

- Evitar ocasionar impactos negativos o contribuir a ellos mediante sus propias actividades, y abordar dichos impactos cuando se produzcan, proporcionando una remediación o colaborando con ella a través de procesos legítimos.

- En el caso de impactos negativos que estén directamente relacionados con las operaciones, los productos o los servicios de la organización a través de sus relaciones comerciales, buscar la forma de evitar o mitigar estos impactos, incluso si no ha contribuido a ellos.

La organización no es responsable de proporcionar la remediación de estos impactos ni de colaborar con ella, pero puede desempeñar un papel en el proceso. Si no es viable abordar todos los impactos identificados sobre la economía, el medio ambiente y las personas a la vez, la organización debe priorizar el orden en que va a abordar los impactos negativos potenciales en función de su gravedad y probabilidad. En lo que respecta a impactos negativos potenciales sobre los derechos humanos, la gravedad del impacto prevalece sobre su probabilidad.

 La debida diligencia debe fundamentarse en los Principios Rectores sobre las Empresas y los Derechos Humanos de las Naciones Unidas (ONU), las Líneas Directrices de la Organización para la Cooperación y el Desarrollo Económicos (OCDE) para Empresas Multinacionales, y la Guía de la OCDE de Debida Diligencia para una Conducta Empresarial Responsable.

2. Fases de gestión

2.1. Modelos de gestión de la RSC

En este epígrafe vamos a abordar los procesos a través de los cuales las organizaciones integran en su gestión y operaciones la RSC, lo que podemos denominar "modelos de gestión de la RSC". En este sentido, podemos encontrar multitud de trabajos que tratan esta materia, pero vamos a destacar aquellos de mayor acogida en la doctrina y que a la vez planteen diferentes propuestas de procesos de gestión de la RSC.

2.1.1. Asociación Española de Contabilidad y Administración de Empresas

El primer modelo que vamos a citar es el de la Asociación Española de Contabilidad y Administración de Empresas, que en su documento Marco Conceptual de la Responsabilidad Social Corporativa, establece la siguiente secuencia para el desarrollo del proceso estratégico de la RSC:

1. Análisis estratégico. Identificar las expectativas presentes y futuras de las distintas partes interesadas.

2. Definición de estrategias. Definir las estrategias útiles para alcanzar los objetivos planteados, tomando como base las conclusiones del análisis estratégico y la misión y visión.

3. Programación. Determinar el plan de acción expresado en tareas, cifras y tiempo de realización.

4. Implantación. Velar por que la implantación resulte exitosa en todos los niveles de la organización, desde su gobierno, alta dirección, mandos intermedios y demás niveles.

5. Control y seguimiento. Vigilar el grado de cumplimiento de los objetivos fijados y las desviaciones que puedan producirse.

6. Comunicación. Informar sobre la RSC a sus grupos de interés.

2.1.2. Maignan, Ferrell y Ferrell

En segundo lugar, nos encontramos con la propuesta de Maignan, Ferrell y Ferrell, enfocada desde una perspectiva de marketing. Este modelo no establece una fase de planificación estratégica, a diferencia del anterior. No obstante, nos ha parecido interesante detenernos en las ocho fases que contemplan estos autores para una adecuada implementación de la RSC:

1. Identificación de los valores y normas de la organización.

2. Identificación de los *stakeholders* de la compañía.

3. Identificación de los intereses de los *stakeholders*.

4. Establecimiento de una definición concreta de RSC.

5. Auditoría de las prácticas actuales.

6. Implementación de las iniciativas de RSC.

7. Promoción de la RSC.

8. Captación del *feedback* de los *stakeholders*.

2.1.3. Linda O'Riordan

O'Riordan presenta un esquema del desarrollo de la estrategia de RSC como respuesta al entorno en el que opera la compañía. Esta autora hace distinción entre dos etapas:

1. Desarrollo de la estrategia. Esta etapa, orientada a la planificación, engloba:

    *   Los valores que van a guiar la estrategia, entre los que se incluyen la visión y misión de la organización.

    *   Las alternativas que abarcan las diferentes opciones disponibles a la hora de tomar las decisiones, partiendo de las prioridades de los *stakeholders*.

    *   El establecimiento de la estrategia a seguir.

2. Implementación. Esta segunda etapa, dedicada a la propia ejecución de la RSC, engloba:

    *   La aplicación y el control, es decir, la ejecución a un nivel más táctico y el control de todo el proceso. Esta fase incluye la comunicación de la RSC así como el diálogo con los *stakeholders*.

    *   El resultado, que garantiza un uso eficiente de los recursos.

2.1.4. Francisco Marín Calahorro

Por su parte, Marín presenta su Plan Director de RSC, cuyo objetivo es "obtener la máxima rentabilidad del esfuerzo para cumplir los compromisos sobre responsabilidad social". Este documento contempla una serie de directrices que deben marcar los ejes principales del proyecto. Estas son:

1. La decisión de órgano del gobierno de la entidad para diseñar el proceso de integración de las prácticas de RSC.

2. La identificación de los principales *stakeholders* y de sus expectativas.

3. El establecimiento de un proyecto estratégico para las acciones de RSC.

4. La indicación del método de verificación.

5. La realización de un seguimiento de las reacciones de los *stakeholders* ante las acciones de RSC.

6. La creación de una herramienta de comunicación para dar a conocer los compromisos en los que se basan las políticas de RSC.

2.1.5. Modelo estratégico

Del estudio de los trabajos de Burke y Logsdon (1996), Epstein y Roy (2001), Colle y Gonella (2002) y Dentchev (2004), se deduce un modelo estratégico para incorporar la RSC en las empresas, basado en las siguientes fases:

1. Análisis del entorno. Hace referencia al análisis de las expectativas, necesidades e intereses de los grupos de interés, para su posterior cumplimiento.

2. Análisis interno. Se refiere al modo en que la organización implementa la RSC en sus relaciones laborales y establece políticas de diálogo con los grupos de interés internos.

3. Objetivo y planteamiento de la estrategia. Una vez concluido el análisis (interno y externo), la empresa define su misión estratégica.

4. Implementación de la estrategia. Puesta en práctica de la estrategia, plasmándola en acciones concretas. Será necesario auditar y evaluar las políticas de RSC implementadas.

5. Revisión periódica. Se centra en evaluar si las medidas de RSC han servido para mejorar la competitividad de la empresa.

2.2. Conclusiones. El modelo dinámico de gestión de la RSC

En definitiva, nos encontramos ante la existencia de diferentes propuestas realizadas por diversos autores, con particularidades distintas entre cada una de ellas. Así, por ejemplo, los modelos de AECA, O'Riordan, y el denominado "estratégico" no cuentan con una fase de *feedback* que permita conocer la opinión de los *stakeholders* con respecto a la RSC realizada por la organización. El modelo "estratégico" tampoco plantea una fase de comunicación, mientras que la propuesta de O'Riordan tampoco dispone de fase de evaluación. El modelo de Marín no establece una etapa de implementación de la RSC. Y la propuesta de Maignan, Ferrell y Ferrell no dispone de una etapa clara de planificación.

Por consiguiente, ninguno de los modelos anteriormente expuestos recoge de manera individual todas las fases para una adecuada gestión de la RSC. Es por ello que, a continuación, planteamos un modelo de gestión dinámico de la RSC, que reúne las diferentes etapas presentadas en los distintos modelos anteriormente expuestos. Estas son: la evaluación del entorno, la planificación, la implementación, el seguimiento y control, la comunicación y el *feedback*. Los resultados obtenidos en las fases de seguimiento y control y de *feedback* derivan en una redefinición de la fase de planificación, por lo que nos encontramos ante un proceso dinámico, en constante cambio.

A continuación presentamos las diferentes fases que lo conforman.

2.2.1. La evaluación del entorno

Comprende las diferentes actividades orientadas a explorar el contexto en el que se ubica la compañía. Para ello, el primer paso es realizar una identificación de los *stakeholders* de la organización y clasificarlos entre aquellos a los que irán dirigidas sus acciones de RSC, a los que denominaremos beneficiarios, y aquellos que pueden ayudar a la organización en el proceso de gestión de la RSC, denominados *partners*. Posteriormente, es necesario identificar las expectativas, necesidades e intereses de cada uno de ellos, tanto de los principales *stakeholders* a los que se dirigen las acciones de RSC, como de los *partners*, ya que de su correcta identificación de intereses dependerá que posteriormente se establezca una verdadera relación ganar-ganar entre empresa y *partner* que beneficie a ambos. El último paso de esta fase consiste en establecer una priorización de los diferentes intereses, en tanto que la compañía no dispone de capacidad para hacer frente a todos ellos, motivo por el cual se debe realizar una selección de los más prioritarios para los diferentes *stakeholders*.

2.2.2. Planificación

Se divide en tres pasos:

1. El primero de ellos consiste en el establecimiento de los objetivos del plan, para lo que se parte de los intereses de los *stakeholders* anteriormente identificados y de la propia visión, misión y valores de la organización. Posteriormente se plantea la estrategia o estrategias que van a guiar la actuación socialmente responsable de la compañía. Finalmente, se determina el plan de acción, compuesto por los diferentes programas y acciones concretos de RSC que va a realizar la empresa.

2. Una vez diseñado el plan estratégico de RSC, llega el momento de su **implementación**. En esta fase se ejecutan los diferentes programas y acciones que conforman el plan de acción. Para ello, es necesario conocer quién es el responsable de cada uno de los programas, qué departamentos de la compañía intervienen en las diferentes iniciativas y qué *partners* colaboran en el desarrollo de los distintos programas y acciones.

3. A continuación, tiene lugar la **fase de seguimiento y control,** que comprende los mecanismos de los que dispone la organización para conocer si los objetivos marcados están siendo alcanzados. Para llevar a cabo esta fase de manera adecuada, es necesario establecer los indicadores que permitan a la compañía determinar el grado de cumplimiento de los diferentes objetivos, para, posteriormente, poder integrar la evolución de los objetivos en un cuadro de mando de la RSC que permita realizar una valoración integral de la evolución del plan. Y por último, someter esos datos a una verificación, por parte de una empresa externa.

2.2.3. Comunicación

Incluye todas aquellas actividades que realiza la organización para dar a conocer entre sus públicos el plan de RSC de la compañía, las diferentes iniciativas que lo componen y la evolución del cumplimiento de los objetivos establecidos. La divulgación de la RSC entre los públicos internos se realiza a través de medios de comunicación internos como reuniones periódicas, la intranet, la *newsletter* y los monitores de TV existentes en las instalaciones de la organización. La comunicación externa se realiza principalmente a través de la memoria de RSC, la web corporativa, los perfiles corporativos de las redes sociales online y las publicaciones en forma de noticia que realizan los medios de comunicación.

2.2.4. *Feedback*

La última fase del proceso de gestión de la RSC es el *feedback*, que engloba los diferentes mecanismos establecidos para conocer cómo los *stakeholders* valoran la RSC que realiza la compañía. Estos mecanismos pueden ser cuantitativos (encuestas) o cualitativos (entrevistas o reuniones) y se dirigen tanto a los *stakeholders* beneficiarios a los que se enfocan los diferentes programas de RSC, como a los *partners* que colaboran en el proceso de gestión.

Como hemos mencionado más arriba, este modelo también incluye un proceso de rediseño de la fase de planificación a partir de los resultados obtenidos en las fases de seguimiento y control y *feedback*, ya que detectar una desviación en el cumplimiento de los objetivos o una valoración negativa por parte de los *stakeholders* requiere de una redefinición del plan de RSC. Esta redefinición puede darse en los objetivos, estrategias o en uno o varios programas o acciones en concreto.

2.2.5. Diálogo

Finalmente, una de las aportaciones más interesantes de este modelo consiste en el diálogo que se establece durante todo el proceso de gestión de la RSC entre la organización y sus *stakeholders*, ya que favorece el desarrollo de las diferentes fases, en tanto que facilita la relación entre ellos. Así mismo, el diálogo establecido por la empresa con sus *stakeholders* presenta las siguientes cualidades:

• Permite a la organización identificar cuáles son las expectativas, necesidades e intereses de los *stakeholders* y determinar cuáles son los más prioritarios para cada uno de ellos.

• Contribuye en la realización de un adecuado diseño de los diferentes programas y acciones.

• Propicia una efectiva ejecución de las distintas acciones.

• Facilita el conocimiento de la evolución del cumplimiento de los objetivos marcados.

• Favorece la divulgación de las diferentes iniciativas de RSC a través de los medios de comunicación.

• Permite conocer qué valoración hacen de las diferentes acciones de RSC sus *stakeholders*.

En definitiva, el mantenimiento de un diálogo continuo favorece la relación entre organización y *stakeholders*, lo que, en consecuencia, facilita el proceso de gestión de la RSC.

Llegadas las etapas finales del curso, y una vez conocidos los conceptos fundamentales que definen la RSC, estamos aplicando los conceptos aprendidos a la gestión práctica de la empresa, descendiendo de la teoría al pragmatismo empresarial.

La aplicación de la RSC no es uniforme, y por ello hemos mostrado algunos de los modelos más destacados que estudian esa implementación. Cada organización debe analizar su naturaleza interna y su entorno socioeconómico para decidir qué método es el que más se adecúa a su actividad, e incluso si es necesario combinarlos para crear uno que se adapte de la forma más precisa a sus intereses y objetivos.

UNIDAD DIDÁCTICA 6

El plan de Responsabilidad Social Corporativa

Introducción

1. El plan RSE

2. La comunicación en la empresa: tipos

3. La definición de los indicadores

4. La verificación del sistema

Los **objetivos** de esta unidad son:

1. Definir la noción de plan de Responsabilidad Social Corporativa.

2. Adquirir herramientas para diseñar un Plan de Responsabilidad Social Corporativa.

3. Resaltar la importancia de una comunicación organizacional excelente.

4. Declarar a los indicadores de Responsabilidad Social Corporativa como la mejor herramienta de evaluación de dicha responsabilidad.

5. Señalar las metodologías más relevantes para la medición de la Responsabilidad Social Corporativa.

Introducción

Sentados los fundamentos teóricos de la Responsabilidad Social Corporativa, y analizados los distintos modelos de gestión que pueden englobar las medidas encaminadas a implantarla, ahora es el momento de dar un paso más en la realidad práctica de las nociones sobre RSC.

Podemos establecer que los modelos de gestión responden a una fase estratégica en la implantación de la RSC en una organización, ya que establecen las metas y recursos para llegar al objetivo de una entidad sostenible. El Plan de RSC responde, en cambio, a una fase táctica de este proceso, porque se dedica a diseñar los actos concretos que plasmarán los objetivos diseñados a más largo plazo.

1. El plan RSE

1.1. Concepto

 Las muchas definiciones que podemos encontrar de un plan de Responsabilidad Social Corporativa convergen en los siguientes elementos: es un documento de gestión y evaluación que define el marco y las directrices generales a seguir por una organización en el ámbito de la RSC.

El plan de Responsabilidad Corporativa determina las acciones, compromisos y objetivos que se proyecta una compañía para demostrar su papel en causas sociales y medioambientales, todo esto con el fin de ayudar a mejorar situaciones y reinvertir en la sociedad parte de los aportes ganados.

En el plan de responsabilidad corporativa también debemos encontrar herramientas que nos permitan llevar a cabo las evaluaciones precisas para medir el impacto y los resultados originados de las acciones y medidas desarrolladas. Mediante el Plan de Responsabilidad Social, la organización podrá integrar sus procesos a la vez que los intereses de las partes interesadas o *stakeholders* en materia social y ambiental.

1.2. Pasos para diseñar un plan de RSC

 Al igual que sucede con el concepto de plan de responsabilidad social, ocurre con las distintas formas que existen para su diseño: existen múltiples teorías sobre la más acertada. Posiblemente ninguna consiga su propósito, ya que la aplicación de la RSC en una organización es única, adaptada a necesidades muy concretas, sin poder trasladarse como un modelo rígido a otras entidades con otras características.

Debido a lo anterior, los pasos para elaborar un plan de responsabilidad social son orientativos, deben ser adaptados a cada compañía, pudiendo existir otros itinerarios igual de válidos.

▶ **Conocer cuál es la situación de partida**

A través de un análisis interno y sincero, una compañía debe constatar en qué punto se encuentra su actitud respecto a la RSC, para así ser capaz de implantar la estrategia más adecuada. Hemos indicado que la aplicación de la RSC en cada entidad es un hecho único, irrepetible, inexportable, por lo que conocer el estado inicial es básico para emprender la tarea; no existen modelos que se puedan importar.

En este análisis deberemos evaluar, entre otras, las acciones RSC que se han realizado en el pasado (si es que se han hecho), qué tipo de problemas e inquietudes están más presentes en la sociedad, si nuestra empresa tiene alguna clase de impacto social o medioambiental y en qué medida lo tiene, o qué hacen otras empresas de nuestro sector, especialmente aquellas más representativas o que son un referente.

▶ **Redactar un código de conducta**

Tras delimitar la configuración actual de la entidad de la forma más precisa posible, debemos establecer un código (ético, de conducta, de actuación...) que defina la filosofía que la organización quiere implantar de forma efectiva en el futuro, incidiendo en los temas propios de toda RSC, el medioambiente y el bienestar social general, y los temas específicos que deriven de la propia actividad de la entidad. Este código se deberá realizar mediante un diálogo con cada una de las partes interesadas de la corporación para poderlo mantener a largo plazo.

▶ **Identificar objetivos**

Con la nueva filosofía como marco, se deben identificar unos objetivos estratégicos alcanzables a corto, medio y largo plazo que se ajusten a las peculiaridades de la organización. Para elegir los objetivos, se ha de tener en cuenta su producción, valores, el tipo de clientes o el perfil de los trabajadores entre otros aspectos, incluidas también las administraciones locales y nacionales.

▶ **Diálogo con *stakeholders***

Es clave establecer relaciones con los miembros de la comunidad mediante un diálogo con los *stakeholders*, revisar las relaciones con estos grupos y evaluar cómo afectan a la compañía y viceversa, buscando soluciones a los problemas detectados e intentando dar respuesta a a las expectativas de todos los grupos de interés dentro de la estrategia de la organización. Es importante entender que un Plan RSC no es algo que pueda hacerse sin tener en cuenta a los *stakeholders*, puesto que sus preocupaciones e inquietudes son, en definitiva, las preocupaciones e inquietudes de la sociedad en la que se desempeña la empresa y por tanto, van a marcar (o deberían marcar) la estrategia a seguir, los objetivos a alcanzar y las medidas a implantar.

▶ **Seleccionar indicadores**

Es fundamental en todo plan poder valorar si las acciones planeadas son las más efectivas para cumplir los objetivos establecidos; esa tarea se realiza a través de indicadores como encuestas de satisfacción, número de quejas y tiempo de resolución, que permitan verificar la consecución de los objetivos. Dedicaremos un epígrafe específico a esta materia más adelante.

▶ **Elaborar una memoria de sostenibilidad**

El paso final es elaborar una Memoria de Sostenibilidad que refleje el desempeño económico, ambiental y social de la empresa y recoja todas las acciones anteriormente mencionadas. Para ello, Global Reporting Initiative (GRI) elaboró la "Guía para la elaboración de memorias de sostenibilidad" que establece la metodología estandarizada más aceptada y utilizada a nivel mundial. La periodicidad recomendada para elaborar esta memoria es anual.

Esta memoria no solo nos ayudará a tener un registro de lo que hemos hecho, sino que también es una herramienta de comunicación externa que nos ayudará a dar a conocer y publicitar nuestro compromiso con la responsabilidad social a nuestros clientes, proveedores y resto de la sociedad.

1.3. Beneficios de contar con un plan de RSC

Para toda organización, establecer una estrategia de Responsabilidad Social Corporativa aporta una serie de beneficios:

1. Mejorar el clima laboral: ya que se consigue que los trabajadores estén alineados con los valores corporativos y se les hace partícipe de ellos, lo que mejora también la productividad organizacional.

2. Mantener y atraer el talento: en la organización, el talento es un aspecto imprescindible por el que hay que preocuparse de mantener y atraer.

3. Ayuda con el *compliance* legal, es decir, con el cumplimiento normativo en diferentes ámbitos, como las leyes medioambientales, las de igualdad de trato y oportunidades o las de prevención de riesgos laborales.

4. Incrementar la creatividad: al lograr tener a los trabajadores más motivados, se consigue incrementar la creatividad e innovación.

5. Proteger el medioambiente: a través de una adecuada gestión de los recursos, lo que permitirá que la organización sea más sostenible y tolerante con el medioambiente.

6. Mejorar la imagen corporativa: a nivel externo con la sociedad y también a nivel interno, donde los trabajadores se involucran en el Plan de Responsabilidad Social Corporativa.

7. Fidelizar a los clientes: atrayendo a nuevos clientes para así lograr incrementar las relaciones y el nivel de satisfacción al permitirles ser parte del compromiso y consideración con la acción y el entorno.

2. La comunicación en la empresa: tipos

2.1. Comunicación organizacional

Muchos de los desafíos y problemas en una empresa tienen que ver con una comunicación deficiente. En el ámbito de la RSC, esto tiene además un reflejo de mayor impacto, ya que la implicación que demanda debe fundamentarse en que todos los actores implicados estén debidamente informados.

La comunicación organizacional es la comunicación que hace una empresa tanto al exterior como al interior, estableciendo procesos y estrategias para difundir mensajes, contenidos y los valores de la organización con la finalidad de establecer relaciones sólidas e imagen de marca. La comunicación organizacional es fundamental para toda compañía, ya que es necesaria para hacer fluir interacciones con sus partes interesadas. Se enfoca en dos tipos de clientes: los internos, es decir, los colaboradores, y los externos, por ejemplo, los usuarios o su audiencia.

La comunicación organizacional es importante para mantener un flujo de información eficiente al interior y el exterior de la empresa. Asimismo, sirve para crear relaciones sólidas y entornos laborales que favorezcan la competitividad y el crecimiento del negocio.

Mediante la comunicación organizacional se implementan procesos, flujos y estrategias de comunicación. A partir de ellos una empresa incrementa su posicionamiento, su percepción positiva y obtiene una mejor gestión en sus departamentos y de la interacción con sus diferentes partes interesadas.

Como podemos imaginar, los apartados anteriores también son aplicables a la comunicación de la RSC, vital para poder elaborarla y llevarla a la práctica.

2.2. Niveles de comunicación organizacional

Según sea la intensidad de interacción de la comunicación organizacional hay diferentes niveles:

▶ **Nivel básico:** se produce cuando hay una escasa interacción, ya sea al interior o al exterior de la empresa. Suele tratarse de una comunicación meramente formal, a base de protocolos prestablecidos que determinan la comunicación.

▶ **Nivel intermedio:** la interacción es habitual, dentro de una comunicación formal o informal, porque bien puede darse por los canales oficiales de manera periódica, o casual cuando existe cierto vínculo entre áreas.

▶ **Nivel alto:** la interacción es constante y duradera. Puede darse cuando una empresa tiene campañas para informar hacia el exterior y el interior de manera formal, o también puede ser informal cuando se da una gran interacción entre

colaboradores, sin necesariamente seguir los procesos y protocolos establecidos en la empresa.

▶ **Nivel estratégico:** se trata de una comunicación total e integradora, abierta y
con objetivos. Es el nivel al que deben aspirar los negocios porque así es más
fácil gestionar los esfuerzos por comunicar tanto al exterior como al interior.

2.3. Flujos de la comunicación organizacional

La dirección que tome la información o el mensaje que se está comunicando forma
flujos que deben considerarse en las estrategias de comunicación organizacional.
Estos flujos son:

▶ **Ascendente:** la información viaja desde los colaboradores hacia las posiciones
de liderazgo, como gerentes o directivos. Se trata de un flujo vertical, con dirección hacia aquellas posiciones de mayor jerarquía. El mensaje puede ser formal
si se trata de informar sobre alguna tarea o proyecto y habrá canales adecua-
dos para que se lleve a cabo; pero también puede ser informal cuando se trata
de alguna sugerencia, inquietud o una charla cotidiana.

▶ **Descendente:** el mensaje se traslada de arriba hacia abajo, es decir, de los
puestos de mando hacia los colaboradores. Generalmente es una comunicación formal orientada a dar instrucciones o directrices.

▶ **Horizontal:** se produce entre colaboradores del mismo nivel jerárquico, según
el organigrama de la compañía. Por lo regular es más informal y habitual, si
bien la empresa debe tratar de generar flujos formales cuando se trata de los
proyectos o tareas de la compañía, ya que de otra forma es muy difícil elaborar una trazabilidad de las operaciones y, por consiguiente, poder evaluarlas y
subsanarlas en su caso.

▶ **Cruzada:** este flujo discurre en diagonal, implica una comunicación horizontal
y a la vez hacia otras direcciones, como la ascendente. Esto rompe los sentidos
unidireccionales o bidireccionales y se busca una mayor velocidad para transmitir el mensaje.

▶ **Institucional:** suele ser un flujo con un carácter muy formalista, dirigido tanto
hacia el interior como al exterior de la compañía, buscando que haya una retroalimentación para mejorar los procesos de la empresa, y procurando dar una
imagen oficial de los valores y acciones que se pretenden transmitir.

▶ **Circular:** se trata de un flujo de comunicación propio de los modelos de negocio
más modernos, en la que no hay una jerarquía rígida ni autoritaria. Se busca
que la información se abra y cierre en ciertos puntos para cumplir con los objetivos de la compañía.

2.4. Modelos de comunicación organizacional

A continuación se muestran algunos esquemas de cómo se lleva a cabo la comunicación organizacional. Por lo general existen tres modelos, en los que se pueden situar los esfuerzos por comunicar y los flujos antes mencionados:

⇨ **Modelo lineal:** se desliza de un punto a otro en cualquier sentido (ascendente, descendente, horizontal). Es limitado en cuanto a su impacto y pierde funcionalidad. Suele propiciar información autoritaria o falta de escucha.

⇨ **Modelo interaccional:** se trata de un modelo más amplio que el anterior, propicia la interacción entre personas, así como entre la empresa y otras entidades. Sus acciones se centran más en reforzar vínculos.

⇨ **Modelo interaccional:** se centra en las transacciones de información, en las que se le da un gran valor a la retroalimentación con los interlocutores, así que es más robusto que los descritos anteriormente.

2.5. Tipos de comunicación organizacional

De las anteriores consideraciones se deducen los siguientes tipos de comunicación organizacional, que englobamos en dos categorías:

1. **Por su destino:**

    a) **Comunicación externa:** es el tipo de comunicación que hace una organización hacia el exterior, para difundir la cultura de la empresa, sus valores, acciones, actividades, resultados financieros, etcétera. Una empresa tiene relación con diferentes entidades y personas, conocidos como partes interesadas o *stakeholders*; por ejemplo, los proveedores, instituciones financieras, acreedores, medios de comunicación y los clientes. Puede ser una comunicación general que funcione para todos y habrá mensajes específicos para cada sector o grupo. Los clientes son aquellos con los que más interacción tiene una compañía y, por lo tanto, a quienes se les difunde más información, mensajes y contenidos.

    b) **Comunicación interna:** la comunicación interna es el proceso comunicativo que establece la organización hacia el interior, es decir, con los colaboradores. La compañía debe generar estrategias y campañas para informar, motivar, capacitar e involucrar al personal con las actividades de la empresa.

2. **Por su modo de exteriorizarse:**

    a) **Comunicación formal:** se trata de los protocolos, flujos y canales institucionales que una empresa implementa para darle formalidad y hacer oficial la información que se transmite, tanto al interior como al exterior. Un ejemplo podría ser un memorándum o una circular que emite un departamento para informarles a sus empleados que está integrando una tecnología.

b) **Comunicación informal:** es una comunicación sin marcos rígidos que surge por una interacción más casual y espontánea de los interlocutores, en la que no hay canales formales. Este tipo de comunicación se da más entre colaboradores, aunque podría extenderse al exterior. Sin embargo, no es lo más recomendable porque una organización debe oficializar su comunicación con sus partes interesadas.

3. La definición de los indicadores

3.1. Definición

Elegir los tipos de indicadores de RSC en una organización es un trabajo que debe hacerse *ad hoc* para cada tipo de entidad. Como hemos visto, los parámetros que deben primar la elección de indicadores de RSC son la materialidad de los impactos sociales y ambientales de las decisiones operativas, así como los asuntos de importancia para los grupos de interés de la organización, y los objetivos que cada empresa tenga en relación con su contribución al desarrollo sostenible.

Sea como fuere, es importante poder evaluar el comportamiento de las organizaciones a través de indicadores para conocer si las medidas adoptadas son adecuadas para lograr los objetivos en materia de RSC. Así pues, los indicadores tienen que ser capaces de valorar el rendimiento económico, social y ambiental de la empresa, y el despliegue y cumplimiento de la organización para desarrollar políticas de sostenibilidad a lo largo de toda su cadena de valor.

La comunicación no financiera por parte de las empresas se ha desarrollado durante los últimos años y ha llegado a convertirse casi en un requisito obligatorio. Del mismo modo que la gestión en una empresa debe ser medida, también la gestión de la RSE puede y debe ser evaluada. La medición es una tarea fundamental para conocer el grado de cumplimiento de los objetivos empresariales. Gestionar sin medir supone gestionar sin ningún tipo de criterio para determinar si se están alcanzando o no los objetivos.

El hecho de medir guía y asegura que la mejora vaya hacia un objetivo determinado, lo que implica definir y concretar los objetivos de la empresa mediante valores ponderables, es decir, mediante indicadores. Un sistema de indicadores es un conjunto de valores diseñados para medir ciertas variables específicas, para así poder comprobar que una empresa llega a las metas señaladas en su estrategia.

Los indicadores tienen que ser procesados e interpretados para poder evaluar la gestión y el desempeño en la empresa. La medición aporta comprensión sobre las causas y sobre el impacto de los resultados, así como la mejora del desempeño en la empresa. Por un lado, los indicadores son útiles para la toma de decisiones en la empresa y, por otro, sirven para comunicar los resultados a los grupos de interés. Hoy en día, el modo más utilizado para la comunicación de la información no financiera es la publicación de memorias de RSE.

- **Comunicación externa**

Proporciona transparencia a la actuación de la empresa. Los aspectos no financieros y la transparencia parecen percibirse como factores de competitividad y creación de valor, herramientas de excelencia en la gestión y factores diferenciadores. Comunicar esta información facilita a los grupos de interés la comprensión sobre si los gerentes están creando relaciones y activos valiosos a largo plazo. Además, estas medidas pueden ayudar a clientes, comunidades, reguladores y empleados en potencia a evaluar los resultados sociales de la empresa. Los clientes exigen información sobre el origen de los productos, quién los fabrica y qué contienen. Los empleados y futuros posibles trabajadores quieren saber que la empresa asume sus responsabilidades hacia la sociedad y el medio ambiente. Los gobiernos y la sociedad requieren que las empresas informen sobre sus resultados, tanto sociales como ambientales.

Uno de los grupos de interés que solicita cada vez más información y medición de la RSE son los inversores. Estos han empezado a aplicar criterios sociales y ambientales en sus decisiones, por la supuesta relación entre el grado de responsabilidad de una empresa y su competitividad, por el crecimiento de la financiación ética o socialmente responsable, y por las regulaciones y acuerdos nacionales e internacionales que exigen un comportamiento más responsable del sector privado. Estas exigencias no tratan solo de que las empresas informen, sino de qué informan, cómo lo hacen y cómo se puede asegurar que las compañías cumplan con la responsabilidad que proclaman.

La comunicación de los indicadores puede realizarse según criterios desarrollados por la propia empresa o según normas establecidas. Una norma proporciona un marco elaborado como base para estructurar la comunicación de los indicadores de una manera eficaz. Si una empresa trabaja con sus propios criterios en vez de con una norma establecida, debe explicar cómo se han identificado y medido los indicadores, mientras que si, por el contrario, utiliza una norma, esta información ya está incluida en la misma. Una norma considerada legítima ofrece credibilidad a la empresa, dado que presupone el cumplimiento de unos requisitos establecidos. Asimismo, es un marco comparable a través del tiempo, y, dependiendo de la norma, a través de sectores y regiones geográficas. Otras ventajas de las normas son la definición de términos, la consistencia en los procedimientos, reglas claras para la divulgación pública de las informaciones verificadas, e incentivos al mercado para el "juego limpio".

3.2. Requisitos de los indicadores

Los indicadores no financieros tienen que poder medir los impactos de las actividades de la empresa en la sociedad y en el medioambiente. Para lograr estas mediciones se han desarrollado indicadores cualitativos y cuantitativos que son no financieros o, en otras palabras, indicadores del triple resultado económico, social y ambiental.

El hecho de definir y medir los indicadores puede ser relativamente sencillo, como en el caso del consumo de agua. Pero puede ser también muy difícil, como por ejemplo cuando se intenta medir el impacto de la empresa en la biodiversidad local. Por eso, los indicadores deben cumplir tres requisitos para lograr su objetivo: ser fiables, comparables y tener validez.

▶ **Fiabilidad:** una medida es fiable si ofrece la misma respuesta cuando se aplica más de una vez. No obstante, al considerar medidas no financieras, esto puede ser difícil de lograr. Un método aplicado a menudo para medidas no financieras son las encuestas, cuyas respuestas pueden variar mucho, por ejemplo, si se completan en diferentes momentos y por diferentes personas.

▶ **Comparabilidad:** relacionada con la fiabilidad se encuentra la comparabilidad de un indicador. Para que un indicador sea comparable, debe poder compararse a través del tiempo y entre distintas empresas a su vez, ofreciendo siempre un resultado homogéneo. Este requisito permite, por ejemplo, establecer un ranking de empresas o evaluar el desempeño de una empresa, y también identificar asuntos clave de la RSE.

▶ **Validez:** otro elemento fundamental es la validez de un indicador. La validez se cumple cuando este mide aquello para lo que ha sido proyectado. Una medida que no mide lo que es social y ambientalmente importante puede tener un efecto opuesto al deseado, esto es, puede disminuir el resultado social o ambiental. La validez de un indicador depende además del contexto en el que se aplica. Por ejemplo, los indicadores del consumo de agua a menudo solo informan en términos de metros cúbicos de agua usada. Sin embargo, no es lo mismo el uso de agua en regiones donde el agua es abundante que en aquellas regiones donde el agua escasea. Respecto al tema de RSE, la validez se refiere a si un indicador identifica y mide resultados que son importantes para

RESPONSABILIDAD SOCIAL CORPORATIVA

los grupos de interés. Sin embargo, no se trata de prestar atención a un cierto impacto ambiental solo porque sea importante para los grupos de interés, sino que hay que valorar igualmente aquellos impactos no tan conocidos. El concepto de validez en sí depende, en gran parte, de los valores de los grupos de interés, pero también de los valores de la sociedad y los percibidos en los medios de comunicación acerca de la cuestión tratada. Son los grupos de interés afectados, o los que puedan afectar al proceder de la empresa y, además, son ellos quienes serán los lectores e intérpretes de los indicadores. Para los grupos de interés, los indicadores pueden proporcionar información útil en su toma de decisiones. El hecho de medir puede ayudar a los directivos y a otras partes interesadas a asegurar que los directivos estén trabajando según los objetivos establecidos. En este sentido, los indicadores no financieros pueden ayudar a crear relaciones y activos de largo plazo, y promover así valor para los accionistas a largo plazo. Para los clientes, las comunidades, los reguladores y los empleados, estos indicadores ayudan a valorar los resultados sociales y ambientales de la organización.

3.3. El uso de los indicadores

Los indicadores constituyen una herramienta para medir impactos y para concretar resultados, pero también para realizar *feedback* y revisión. El uso de indicadores forma parte de un sistema de control que incluye también un sistema de evaluación y medición de los resultados. De ahí la importancia de que los indicadores se utilicen continuamente a lo largo del ciclo de vida de la empresa. De esta manera, ayudan a medir el progreso de una empresa hacia sus objetivos y, en consecuencia, la dirección puede saber que se está ejecutando su estrategia y corregir aquellas áreas y/o procesos que no cumplan con las expectativas. Asimismo, el sistema debe proporcionar un método que establezca las remuneraciones o incentivos de las personas afectadas.

Dos de los autores más influyentes en el tema de memorias e indicadores, Simon Zadek y Ernst Ligteringen, sostienen que el uso de indicadores de RSE tiene dos motivos: "El primero es ayudar a gestionar e implementar prácticas de negocio más responsables y transparentes. El otro, es proveer de una visión clara acerca de cuáles son los principales conceptos del desarrollo sostenible y la RSE". En otras palabras, a través de la aplicación de indicadores se quiere lograr que la empresa y los empleados realicen actividades correspondientes a los indicadores, es decir, se quiere incidir en el comportamiento de las personas involucradas. La «función de un sistema de control siempre ha sido la de cambiar el comportamiento de las personas». En este caso, la finalidad sería un comportamiento más sostenible del personal y la integración de objetivos sostenibles en el funcionamiento de la organización.

Para lograr que las personas en una organización actúen según la estrategia empresarial, esta tiene que ser expresada como un conjunto integrado de objetivos y medidas, acordados por los altos ejecutivos. Además, tanto la estrategia como las declaraciones de los directivos deben motivar al personal a cambiar su comportamiento y explicarles cómo hacerlo. Existe el riesgo de fijarse solo en las mediciones, sean financieras o no. Esto puede derivar en actos poco responsables, que solo tienen como objetivo el resultado a corto plazo y la recompensa que este supone. La elección de qué hacer depende de los incentivos que haya en la organización. Si no existen, la decisión dependerá del interés personal y de lo que la persona entienda que son los intereses de la organización.

Por tanto, es importante asegurar que los que deben adoptar las prácticas de RSE entienden y tienen la voluntad, así como los recursos, para poder realizar el trabajo según los objetivos establecidos. Puede ocurrir que el personal ya tenga el conocimiento y la voluntad de incluir las políticas de RSE, pero que no cuente con los recursos necesarios o que reciba mensajes contradictorios.

3.4. Los indicadores de rendimiento GRI

En el mundo empresarial existen multitud de indicadores de desempeño, y para mostrar ejemplos de los más relevantes es inevitable referirse en un primer momento a los tres grupos de indicadores de rendimiento GRI:

1. **Económico:** diseñados para el seguimiento en el desempeño de ventas netas, costes, pagos y relaciones con los proveedores. Son reconocidos por la expresión EC seguida de un número.

2. **Ambiental:** seguimiento en el consumo de materias primas y recursos, emisiones de residuos y vertidos. Identificados como EN seguido de un número.

3. **Social:** (LA + cifra numérica) Elaborados para poder evaluar las relaciones laborales con los trabajadores, la seguridad y salud en el trabajo y el respeto a los Derechos Humanos.

Estos indicadores están adecuadamente estandarizados para su aplicación a escala internacional, y son perfectamente compatibles con otros estándares de referencia en cuestiones relacionadas con la RSC, como la norma ISO 26000 de responsabilidad social. La principal misión de los indicadores GRI es permitir a compañías y organizaciones de cualquier índole y especialización contar con indicadores estandarizados para la elaboración de informes sobre la sostenibilidad de sus operaciones, y el grado de responsabilidad ambiental y social derivado de la implantación de medidas de regulación y control de sus actividades en este sentido. Los indicadores GRI son, en definitiva, un tipo de indicadores KPI (o indicadores clave de desempeño).

3.5. Indicadores Ethos

Estos indicadores, creados por el Instituto Ethos de Brasil, se basan en la aplicación de una encuesta, mediante la cual es posible evaluar qué nivel de responsabilidad asume una empresa en su operativa cotidiana. El cuestionario de los Indicadores Ethos está organizado en siete temas:

1. **Valores, Transparencia y Gobierno Corporativo:** este tema contiene aspectos como los compromisos éticos, el arraigo en la cultura organizacional, la gobernabilidad corporativa, el diálogo con las partes interesadas (*stakeholders*), las relaciones con la competencia y el balance social.

2. **Público Interno:** aquí son evaluados temas como las relaciones con los sindicatos, la gestión participativa, el compromiso con el futuro de los niños, la valoración de la diversidad, la política de remuneración, beneficios y carrera, la atención a la salud, la seguridad y las condiciones de trabajo, el compromiso con el desarrollo profesional y el empleo, el comportamiento frente a las desincorporaciones y la preparación para la jubilación.

3. **Medio Ambiente:** los temas evaluados son el compromiso de la empresa con la causa ambiental, educación y creación de conciencia ambiental, la gerencia del impacto sobre el medioambiente y del ciclo de vida de productos y servicios y el control de entradas y salidas de materiales en la empresa.

4. **Proveedores:** los temas materia de análisis son: los criterios de selección y evaluación de proveedores, el trabajo infantil en la cadena productiva, el trabajo forzado o análogo al esclavo en la cadena productiva, las relaciones con trabajadores (servicios de terceros) y el apoyo al desarrollo de los proveedores.

5. **Consumidores y clientes:** en este tema son sometidos a evaluación la política de comunicación comercial, la excelencia en la atención y el conocimiento y administración de los daños potenciales de los productos y servicios.

6. **Comunidad:** los indicadores tratan acerca de la administración del impacto de la empresa en la comunidad de entorno inmediato, las relaciones con organizaciones locales, el financiamiento de la acción social, la compenetración de la empresa con la acción social, las estrategias de actuación en el área social y el reconocimiento y apoyo al trabajo voluntario de los empleados.

7. **Gobierno y sociedad:** son evaluados los siguientes temas: contribuciones para campañas políticas, prácticas anticorrupción y soborno, liderazgo e influencia social y participación en proyectos sociales gubernamentales.

Cada tema se divide en un conjunto de indicadores, cuya finalidad es plantear cómo puede la compañía mejorar su desempeño en aquel aspecto. Cada uno de los indicadores está formado por los siguientes tipos de cuestiones: de profundidad, binarias y cuantitativas.

- **Cuestión de Profundidad (o Indicador de Profundidad)**

Este tipo de indicador permite evaluar la etapa actual de gestión de la compañía respecto a determinada práctica. Está representado por cuatro cuadros contiguos presentando etapas de determinada práctica, cuyo nivel de desempeño muestra la evolución de la primera a la cuarta etapa, lo que le permite a la compañía ubicarse fácilmente en la escala.

- ▶ **Etapa 1:** representa una etapa básica de acciones de la empresa. Está todavía en el nivel reactivo a las exigencias legales.

- ▶ **Etapa 2:** representa la etapa intermedia de acciones. La empresa mantiene una postura defensiva sobre los temas, pero ya empieza a encaminar cambios y avances respecto a la conformidad de sus prácticas.

- ▶ **Etapa 3:** representa la etapa avanzada de acciones. Se reconocen los beneficios de llegar más allá de la conformidad para prepararse de antemano a las presiones reguladoras que resultan en cambios de expectativas para la empresa. La responsabilidad social y el desarrollo sostenible son considerados aspectos estratégicos.

- ▶ **Etapa 4:** representa la etapa proactiva. La empresa alcanza estándares considerados de excelencia en sus prácticas, involucrando a proveedores, consumidores, clientes, la comunidad y también influyendo en políticas públicas de interés para la sociedad.

- **Cuestiones Binarias (o Indicadores Binarios)**

El segundo tipo de indicadores se compone de cuestiones binarias (sí o no) y cualifican la respuesta elegida en el Indicador de Profundidad. Contiene elementos de validación y profundización de la etapa de responsabilidad social identificada por la compañía y contribuye a la comprensión de las prácticas que deben incorporarse a la gestión de los negocios. Se deben llenar obligatoriamente los indicadores binarios, excepto en los casos en que el tema del indicador de profundidad correspondiente no sea aplicable a la realidad de la compañía respondedora.

- **Cuestiones Cuantitativas (o Indicadores Cuantitativos)**

No todos los indicadores presentan datos cuantitativos. Sin embargo, para los que los presentan, se deben mostrar en forma precisa, pues serán útiles principalmente en el monitoreo interno de la compañía.

En conjunto esta estructura de indicadores permite que la empresa planee el modo de fortalecer su compromiso con la responsabilidad social. Por ejemplo, saber en qué etapa se encuentra la organización permite establecer las acciones que hace falta impulsar para pasar a la etapa subsiguiente.

4. La verificación del sistema

4.1. Medición

Para que la información sea útil, esta debe cumplir varias cualidades, entre las que destacan por su importancia la veracidad y la comparabilidad. Es decir, que existan unas normas generalmente aceptadas en relación con la elaboración y verificación de la información. En el ámbito del reporte de sostenibilidad existe gran diversidad a la hora de elaborar la información corporativa, no existiendo unos patrones, principios o instrumentos de general utilización que faciliten el análisis y la comparación y, por lo tanto, el control y la continua mejora.

La medición tiene el objetivo de conocer el nivel alcanzado respecto a algo, con el propósito de controlar y mejorar. En la medición se encuentra implícita la comparación con un estándar de referencia, que para el caso de la información sobre el comportamiento de las organizaciones debe definirse de la manera más precisa posible. No contar con dicho estándar dificulta la comparación y hace menos efectiva la transparencia. Para que la medición sea fiable y reconocida como veraz por terceros, se hace necesario contar con unos agentes externos independientes que, mediante procedimientos profesionales modelados, garanticen la certeza de los datos aportados.

La medición del comportamiento de la empresa, no solo en su dimensión económica, sino también en sus dimensiones social y ambiental, requiere unas metodologías parecidas a las empleadas en la medición del comportamiento financiero, es decir, unos principios y normas generalmente aceptados. Ahora bien, en este caso la unidad de medida no será únicamente de carácter monetario sino que, dadas las características diversas de la realidad que se intenta recoger, se han de emplear distintos patrones y unidades de medida de carácter cuantitativo y cualitativo.

Desde esta perspectiva más amplia, el impacto del comportamiento de las empresas se intenta medir, por el momento, a través de las denominadas *Memorias o Informes de Responsabilidad Social Corporativa o Sostenibilidad*. En unidades anteriores ya hemos visto que en el ámbito de la información sobre RSC, la organización internacional cuyo objetivo es mejorar la calidad, el rigor y la utilidad del reporte sobre sostenibilidad es la Global Reporting Initiative (GRI). Una de sus principales aportaciones es la elaboración de una guía para la elaboración de informes de sostenibilidad. Con ella se pretende establecer una serie de pautas o principios de general utilización que permitan de alguna manera estandarizar la información presentada por las empresas, haciendo más sencilla la medición y la comparación.

El objetivo sería lograr la general aceptación acerca de un Informe o Estado de Cuentas sobre Responsabilidad Social, equivalente a los Estados Financieros, que todas las empresas pudieran emplear para reportar sobre su situación y resultados de su comportamiento e impactos económicos, sociales y ambientales. Esto es precisamente lo que están demandando cada día más los distintos grupos de interés, los analistas y la sociedad en su conjunto. Lógicamente, al igual que ha sucedido con la información financiera, la verificación independiente de la información corporativa sobre responsabilidad social debe avanzar, como ya lo está haciendo, hacia unas normas profesionales de revisión generalmente utilizadas.

4.2. Marco institucional europeo del reporte sobre responsabilidad social

4.2.1. Comité Económico y Social Europeo

El Comité Económico y Social Europeo, en su dictamen *Instrumentos de información y evaluación de la responsabilidad social de las empresas en una economía globalizada*, de 8 de junio de 2005, reconocía la necesidad de:

⇨ Hacer flexible y más transparente la medición de la RSE, aportando coherencia, pertinencia y fiabilidad a las herramientas utilizadas.

⇨ Extender el uso y mejorar la calidad de los instrumentos, desarrollando la práctica de la información, diferenciando los instrumentos, ampliando su campo de utilización y creando nuevas generaciones de instrumentos.

⇨ Distinguir entre comunicación y rendición de cuentas.

⇨ Incidir en la calidad de la información.

⇨ Mejorar el diálogo con las partes interesadas.

4.2.2. Resolución del Parlamento Europeo

En el mismo sentido, y con gran relevancia para el reporte de sostenibilidad, fue la Resolución del Parlamento Europeo sobre *Responsabilidad social de las empresas: una nueva asociación*, de 13 de marzo de 2007, en la que se hace referencia a los instrumentos de la RSE en los siguientes términos:

• *(27). «Recuerda a la Comisión la solicitud del Parlamento de que presente una modificación de la Cuarta Directiva relativa a las cuentas anuales de determinadas formas de sociedad para incluir en ella la información en materia medioambiental y social junto con los requisitos de información en materia financiera».*

• *(28). «Reconoce las actuales limitaciones del sector de la RSE en relación con la medición del comportamiento empresarial, la auditoría social y la certificación, en particular por lo que respecta al coste, la comparabilidad y la independencia, y considera que será necesario elaborar un marco profesional que incluya cualificaciones específicas en este ámbito».*

4.2.3. Ámbito español

En el ámbito español, el pronunciamiento más relevante a nivel institucional acerca de la Responsabilidad Social Corporativa fue el realizado por el Congreso de los Diputados a través de su *Informe para Potenciar y Promover la Responsabilidad Social de las Empresas* (2006). En el apartado de Recomendaciones el Informe se refiere a algunos aspectos sobre reporte en los siguientes términos:

- Recomendaciones destinadas a las empresas y a las asociaciones empresariales:

  (4). Elaborar y difundir memorias de sostenibilidad, preferentemente de acuerdo a estándares reconocidos internacionalmente, como el impulsado por el Global Reporting Initiative.

  (6). Impulsar la elaboración de la triple memoria por todas las empresas cotizadas.

- Recomendaciones destinadas a las Administraciones Públicas:

  (27). Regular la elaboración de memorias de sostenibilidad para las empresas del IBEX 35.

  (28). Regular la verificación de memorias de sostenibilidad y penalización por información engañosa.

4.3. Metodologías más relevantes para la medición de la RSC

Para medir la implantación de la RSC, hemos concluido que las empresas pueden seguir sus propios criterios y normas o aplicar alguna metodología establecida previamente. Mientras que la primera opción proporciona una mayor flexibilidad y adaptabilidad, el uso de indicadores externos ofrece credibilidad, comparabilidad, fiabilidad y consistencia a lo largo del tiempo. Resolver esta disyuntiva lleva, sin embargo, a otra decisión no menos importante: la de definir qué metodologías son las más adecuadas para medir el impacto de la RSC en cada organización. Ante la variedad de indicadores presentes en el mercado, es necesario realizar un **análisis comparativo** para poder tomar una decisión informada a este respecto. Por ello, a continuación se presenta una visión general de las metodologías más relevantes para la medición de la RSC.

4.3.1. LBG: contribuciones, logros e impactos

La metodología de LBG *(London Benchmarking Group)* busca lograr una gestión estratégica y efectiva de los programas de compromiso social con el fin de evaluar los impactos conseguidos y lograr una comunicación homogénea y fiable de los mismos. Para ello, ha desarrollado un modelo que distingue tres niveles de medición de las actuaciones.

1. En primer lugar, se clasifican las contribuciones, esto es, los recursos dedicados al compromiso social, según su motivación, la esfera de la contribución y el tipo de aportación.

2. En segundo lugar, se realiza una evaluación de los logros o resultados concretos conseguidos, tanto para la comunidad (de forma directa y a través del efecto multiplicador de las acciones) como para la empresa.

3. Por último, la metodología mide los impactos que la acción realizada ha tenido, en su doble dimensión económica y social.

A través de la matriz LBG, que recoge los puntos clave de este modelo, se intentan cuantificar no solo los logros a corto plazo, sino también los impactos a largo plazo de las iniciativas de compromiso social empresarial. Tiene una importancia especial en el Reino Unido, lo que ha favorecido que empresas con actividad allí lo implanten en todas sus actividades a nivel mundial.

4.3.2. GC *Value Driver Model*

Desarrollado por el Pacto Mundial en 2013, el modelo Value Driver tiene como objetivo principal la comunicación del valor económico de estrategias empresariales sostenibles a los inversores y analistas con interés en la organización, buscando la traslación de los resultados a los indicadores financieros de la organización.

La metodología distingue tres dimensiones como mecanismos de generación de valor: crecimiento, productividad y gestión del riesgo.

Bajo crecimiento se agrupan las vías de creación de valor a través de un incremento de ingresos (nuevos mercados y geografías, aumento de cuota de mercado, innovación en productos y servicios, y estrategia de largo plazo).

En cuanto a productividad, esta metodología mide las reducciones de coste logradas a través de una mayor eficiencia operacional y una gestión más eficiente del capital humano de la organización.

El modelo recoge por último la gestión del riesgo –operacional, regulatorio, reputacional, de cadena de suministro, de adaptabilidad– como una fuente de creación de valor a través de estrategias de RSC.

4.3.3. *Social Return on Investment:* valoración de "outcomes"

El método SROI surgió en 1997 de la mano del Roberts Enterprise Development Fund. Se trata de un enfoque para entender y gestionar el impacto de la actividad empresarial, un marco de contabilización de valor con un énfasis en la dimensión social del impacto. Su objetivo es comprender el valor social, ambiental y económico generado por una actividad u organización, y maximizar el valor positivo a la vez que se controla el impacto negativo.

El SROI busca cuantificar el valor creado y destruido por las actividades de las empresas cuando este no tiene una traslación directa a términos monetarios, facilitando de esta forma una visión integral, aunque esto implica cierta variabilidad en su aplicación. Para ello, sigue una metodología basada en varias fases: establecer e identificar a los grupos de interés clave, mapear los resultados ("outcomes"), concretar y valorar estos, establecer el impacto, calcular el SROI y usar y comunicar los resultados.

4.3.4. *Business in the Community:* CR Index y *Community Footprint*

La organización británica Business in the Community ha desarrollado dos herramientas con el objetivo de cuantificar el impacto de las acciones responsables de las organizaciones.

De un lado, encontramos el CR Index, un índice basado en una encuesta online, en el que se agrupa a los participantes en cinco bandas de desempeño según su rendimiento en cuatro dimensiones: estrategia corporativa, integración, gestión y rendimiento e impacto. Su foco de acción reside fundamentalmente en la transparencia al gestionar y comunicar el valor social de las acciones de RSC de las empresas.

Por otra parte, BITC lidera un proyecto con el que se pretende proporcionar un conjunto de herramientas con las que las empresas puedan medir y gestionar su impacto socioeconómico a nivel local: Community Footprint.

Este programa, de momento en fase piloto, se organiza en cinco fases que permitirán a las empresas valorar la importancia de sus impactos, mejorarlos de acuerdo con las necesidades locales y detectar oportunidades de acción.

4.3.5. RSC2 una visión global del valor económico

Desarrollada en 2011 por la Fundación Seres, basada en el *sustainability compass* de McKinsey & Company, RSC2 es una metodología de medición integral del valor económico generado por las acciones de responsabilidad social de las empresas. Se trata de una herramienta de ayuda a la toma de decisiones en RSC –a través del análisis de retorno de la inversión–, así como de una base para las acciones de comunicación, tanto interna como externa, de sus programas de RSC.

RSC2 recoge el valor económico generado para la empresa con sus acciones de RSC a través de tres dimensiones: crecimiento, retorno del capital y gestión del riesgo. En crecimiento se incluye la creación de valor a través de un incremento de ingresos, con palancas como el acceso a nuevos mercados, la innovación y nuevos productos y el posicionamiento competitivo y social. Bajo retorno del capital, la metodología recoge reducciones de coste a través de la optimización de la cadena de suministro, el aumento de la eficiencia operacional y el desarrollo del capital humano. Por último, RSC2 también ayuda a cuantificar el impacto de la RSC a través de una reducción del riesgo operacional, reputacional y regulatorio.

4.3.6. EADA: el enfoque en capacidades para la medición de impacto social

La metodología de Impacto Social de EADA –Profesora Elisabet Garriga– y la Fundación Seres fue lanzada en 2013 como un modelo que permita a las empresas justificar el impacto social de sus iniciativas, con el objetivo de promover un aumento de las iniciativas de RSC en las empresas e incrementar el impacto de las mismas.

Esta metodología mide el valor social a partir del concepto de capacidades desarrolladas en los beneficiarios como un indicador de bienestar y calidad de vida de los mismos. El modelo de Impacto Social de EADA incluye resultados a corto y largo plazo, basados en la mejora del beneficiario medida como lo que puede ser o hacer.

Las diversas doctrinas que estudian la RSC ofrecen un amplio abanico de posibilidades y opciones disponibles, por lo que habrá de ser la organización la que valore cuáles se adaptan mejor a sus necesidades y particularidades, tratando de elegir el conjunto de herramientas que le permita obtener una visión comprensiva del impacto social y empresarial de sus programas de RSC. En esta tarea, la organización ha de tener presente que todas estas metodologías no son excluyentes, sino que se pueden utilizar varias herramientas en función de los objetivos que se persiguen y la estrategia de la empresa.

Lo fundamental en cualquier caso es implantar una cultura de medición de las acciones de RSC que permitan a la organización una mejora de sus procesos de toma de decisiones, y un incremento del impacto, tanto en la esfera social como en la empresarial.

UNIDAD DIDÁCTICA 7

*Foros de participación
y representación*

Contenido & Objetivos

Introducción

1. El plan RSE

2. El papel de los sindicatos en la RSC

3. El papel de las ONG

Los **objetivos** de esta unidad son:

1. Profundizar en el concepto de "grupos de interés", núcleo de la Responsabilidad Social Corporativa.

2. Investigar sobre las distintas actitudes que pueden adoptar las organizaciones sindicales frente a la Responsabilidad Social Corporativa.

3. Analizar el papel que pueden desempeñar las ONG en los procesos de Responsabilidad Social Corporativa.

Introducción

Una de las características de la RSC que este curso ha repetido en más ocasiones, por considerarla uno de los fundamentos más consensuados de este concepto, es la de interlocución continua de la organización con su entorno. Este diálogo debe ser entendido de forma extensiva, ya que se debe articular tanto al interior como al exterior de la organización; la opinión e intereses de los propios empleados, de los clientes, de los proveedores, de los accionistas... de un abanico amplísimo de interlocutores afectados por la RSC, es imprescindible para planificar las actividades de responsabilidad social más adecuadas.

En esta última unidad didáctica nos centraremos en estos interlocutores, que ya han gravitado de forma inevitable durante todo el curso. Comenzaremos por los llamados *stakeholders*, grupos de interés que afectan de forma directa e inmediata en la elaboración de la RSC de una compañía. Después nos referiremos a dos colectivos que también deben ser protagonistas en la aplicación de la moderna concepción de Responsabilidad Social Corporativa.

1. El plan RSE

1.1. El proceso de diálogo con los *stakeholders*

R. Edward Freeman, profesor de la Darden School de la Universidad de Virginia, en Estados Unidos, es considerado el padre de la teoría de los grupos de interés o *stakeholders*. Su artículo titulado *Strategic Management: A Stakeholder Approach* amplía el foco de atención de una corporación, que estaba situado exclusivamente sobre los propietarios o accionistas de la organización *(shareholders)*, ampliándose a todos aquellos grupos que se ven afectados o pueden afectar el desarrollo de la actividad de la organización *(stakeholders)*.

Es esta, sin duda alguna, una diferencia crucial que de alguna manera representa el cambio de paradigma que esta teoría de organización empresarial supuso en el modelo económico. Ya no bastaba con centrarse en las expectativas y demandas de aquellos grupos, inversores, accionistas o propietarios, que controlan la organización, sino que también es necesario tener en cuenta las necesidades, expectativas y demandas de otros grupos estrechamente vinculados a la empresa y que anteriormente solo eran tenidos en cuenta de manera tangencial.

Muchas otras han sido las aportaciones teóricas al modelo desde entonces, si bien la esencia sigue siendo la misma: identificar (a través de distintos cauces), priorizar (en función de su relevancia y materialidad) y dar respuesta (estableciendo los recursos y medidas necesarios) a las necesidades y demandas de los grupos de interés de la organización.

El *Informe Forética 2011* realizaba un estudio exhaustivo de la implantación de mecanismos de diálogo con los *stakeholders* en las organizaciones. Pocas empresas lo afrontan como una gestión integral. A pesar de la dificultad de generalizar modelos, a continuación se presentan, de manera resumida, las etapas fundamentales en el proceso de generación de un modelo de relación o gestión de los grupos de interés genérico para cualquier organización.

1.1.1. Identificación de los grupos de interés

El primer paso en el establecimiento de un modelo de gestión con los grupos de interés es la identificación de quienes pueden ser encuadrados dentro de esta categoría. En todo el proceso, no solo en esta etapa inicial, conviene involucrar a los distintos departamentos de la organización; desde la alta dirección hasta administración. No existe una lista genérica de grupos de interés para las compañías, ni siquiera del mismo sector. Cada organización debe contemplarse desde una perspectiva transversal de tal manera que pueda identificar todos aquellos grupos que puedan afectar o verse afectados por el desarrollo de la actividad. Algunos elementos de ayuda a la hora de identificar los grupos de interés de una organización incluyen las siguientes perspectivas:

a) Por cercanía: grupos que interactúan de manera cercana con la organización incluyendo a los *stakeholders* internos.

b) Por influencia: grupos de interés que influyen (o pueden hacerlo) en el desarrollo de la actividad de la organización.

c) Por responsabilidad: aquellos con los que se tienen obligaciones legales.

d) Por dependencia: grupos que dependen de la actividad de la organización.

1.1.2. Priorización

Una vez identificados nuestros grupos de interés, el siguiente paso es priorizar entre ellos los que merecen más atención en el diálogo. Como paso previo a la priorización conviene agrupar a los *stakeholders* en categorías, unificando aquellos que presenten similares características o expectativas y facilitando así la posterior priorización. Los criterios de priorización son ponderables, intercambiables, adaptables y muchas veces únicos para cada organización o incluso para cada momento. No obstante, a modo de aproximación, una propuesta de criterios en los que basar la decisión de priorizar podría contener los siguientes:

a) Nivel o capacidad de influencia o dependencia (actual y futura).

b) Expectativas y nivel de interés en el compromiso, así como su voluntad en la participación.

c) Tipología de la relación preexistente con el grupo de interés.

d) Conocimiento de la organización y relación con el objetivo último del proceso de diálogo.

e) Tipo de grupo de interés (público, interno, social, corporativo, etc).

f) Dimensión geográfica del proceso.

g) Contexto social.

1.1.3. Selección de herramientas de diálogo

La tercera etapa del proceso consiste en establecer para cada grupo de interés una metodología que, teniendo en cuenta el nivel de prioridad, sirva para detectar e identificar sus expectativas. De acuerdo con este modelo, los grupos de interés menos relevantes serán gestionados de manera generalmente unidireccional, para ir incrementando el nivel de bidireccionalidad en la comunicación en los más relevantes. En función del tipo de comunicación se pueden distinguir tres niveles de compromiso:

a) Herramientas unidireccionales. Aplicables generalmente a aquellos grupos de interés menos relevantes para la organización o con menor capacidad de compromiso. Se trata generalmente, bien del control de la información que emite el grupo de interés (a través de medios públicos) o del establecimiento de cauces informativos hacia el grupo de interés (boletines o comunicación corporativa).

b) Herramientas bidireccionales. En este caso se trata de herramientas mucho más complejas que las anteriores, ya que contemplan la posibilidad de un intercambio informativo. Se busca trabajar junto a los grupos de interés para conocer e integrar sus expectativas en el desarrollo de la actividad de la organización (de manera limitada). Varían en un rango desde la información activa a las consultas (encuestas, paneles, etc.). Con frecuencia son las más indicadas aun para los niveles más críticos de los grupos de interés, aunque es preciso gestionar sus riesgos y oportunidades de manera correcta para garantizar el máximo nivel de éxito.

c) Herramientas integradoras. Se trata de herramientas en el nivel superior de desarrollo del modelo de gestión de los grupos de interés, que consisten en la integración de los *stakeholders* en los procesos de toma de decisiones de la compañía. Incluyen procesos de asesoramiento y participación directa en relación con algún aspecto de la actividad de la organización, o incluso en la delegación de algún tipo de actividad. Son estructuras realmente complejas, aptas únicamente para aquellas organizaciones con una sólida madurez en RSE y diálogo con los grupos de interés, y que identifican a sus *stakeholders* como un elemento realmente esencial en su modelo de negocio.

1.1.4. Desarrollo del proceso

Todas las etapas anteriores se enmarcan en la fase inicial (planificación) de la implementación de un proceso de gestión en una compañía. En esta fase, la organización también debe establecer indicadores clave que permitan un control del éxito alcanzado o la identificación de las áreas de mejora existentes desde una perspectiva que apueste por la mejora continua. Las fases posteriores del proceso incluirían la realización de las actividades previstas, el control periódico de los indicadores y objetivos establecidos para los distintos procesos de relación. El análisis y comunicación de las metas alcanzadas y de las posibles desviaciones y la puesta en marcha de una revisión del conjunto del modelo permitirán un ajuste de las necesidades y recursos disponibles, redundando finalmente en la mejor consecución de los objetivos. De esta manera se crea un modelo de relación con los grupos de interés dinámico, con la capacidad de adaptarse tanto a cambios internos en la organización como a cambios externos en el entorno, asegurando que la organización está lo mejor preparada posible para el despliegue de su estrategia RSE.

1.2. El análisis de los *stakeholders* en el Sistema de Gestión Ética y Socialmente Responsable (SGE 21)

La SGE 21 está estructurada en nueve áreas de gestión que coinciden con los nueve grupos de interés principales para la mayoría de las organizaciones, independientemente de su tamaño o actividad:

1. **Alta dirección.** Pretende, fundamentalmente, impulsar el cambio organizativo mediante la elaboración de un plan de Responsabilidad. El establecimiento de una política de gestión ética y responsabilidad social, un código de conducta, una política anticorrupción y la creación de un comité de ética/ responsabilidad social, que garantice el cumplimiento de los compromisos adoptados.

2. **Clientes.** El objetivo es velar por la honestidad de la relación comercial y garantizar las características del producto para conseguir la satisfacción del cliente. La protección de públicos vulnerables, la accesibilidad de los productos o servicios ofrecidos y la incorporación de criterios de Responsabilidad Social en la fase de I+D, son algunos de los requisitos.

3. **Proveedores.** Las organizaciones definirán sus propios criterios de compras responsables sobre la base de los cuales evaluarán y seleccionarán a sus proveedores. En la medida de lo posible se pretende que las organizaciones responsables fomenten buenas prácticas entre sus proveedores.

4. **Personas que integran la organización.** Partiendo del cumplimiento de los derechos humanos y pasando por aspectos como la igualdad, conciliación, salud y seguridad laboral y formación, este apartado tiene como objetivo la creación de un entorno de trabajo de calidad que favorezca la motivación, la retención de talento y el bienestar de las personas.

5. **Entorno social.** Destaca la importancia de conocer y evaluar los impactos, tanto positivos como negativos, que la organización genera en su entorno social, así como la transparencia en las relaciones con el mismo.

6. **Entorno ambiental.** El compromiso de prevención de la contaminación o la gestión de los impactos ambientales asociados a la actividad y la comunicación de los indicadores ambientales de la organización son algunos de los ejemplos.

7. **Inversores.** En este punto, la norma se centra en el buen gobierno y la transparencia financiera de la organización.

8. **Competencia.** Trata de fomentar la competencia leal y la resolución de conflictos por medio de arbitraje. Impulsa la cooperación y establecimiento de alianzas entre organizaciones competidoras.

9. **Administraciones Públicas.** La norma va más allá de las exigencias legales, tratando de crear vías de colaboración entre la organización y la administración.

2. El papel de los sindicatos en la RSC

Las organizaciones sindicales, de cualquier ámbito territorial, comenzaron con mucho recelo sus relaciones con la RSC, viendo en este concepto una potencial amenaza, que atacaba por distintos frentes: por un lado, por las instituciones públicas supranacionales y estatales, que entienden están poniendo en riesgo el diálogo social y las legislaciones laborales al negarse a regular las actividades de las empresas transnacionales a nivel global y proclamar la voluntariedad de las nuevas responsabilidades sociales a asumir por estas; por otro, por las empresas y sus asociaciones, a las que achacan la estrategia de intentar minar la negociación colectiva y debilitar a los sindicatos.

La desconfianza de las organizaciones sindicales hacia las empresas en lo que se refiere a la RSC no solo proviene de entenderla en muchas ocasiones como un mero ejercicio publicitario de las compañías sino, sobre todo, como una estrategia empresarial que desea trasladar al terreno de la voluntariedad, unilateral y autorregulada, aquello que está regulado por ley o pactado en convenios colectivos. Todo esto ha tenido como resultado que las organizaciones representantes de los trabajadores, muy en especial las confederaciones sindicales nacionales, entre ellas las españolas, adoptasen una posición reactiva y a la defensiva frente a la RSC en los primeros años de este siglo.

Asimismo, las confederaciones sindicales han tenido tradicionalmente un marco de actuación nacional, que dificulta su adaptación a las transformaciones sociales, económicas y políticas que forman parte de la globalización. A pesar de la creación de la Confederación Europea de Sindicatos (CES) en 1973, que pretendía impulsar un movimiento sindical supranacional, las organizaciones sindicales no han desarrollado su atención en las implicaciones de esa transformación laboral. Mientras, el ámbito mundial de este tipo de compañías ha ido cobrando mayor relevancia.

Sin embargo, las organizaciones sindicales han comenzado a tomar conciencia de que el continuo reforzamiento de las macrocompañías de ámbito global, basado en la descentralización productiva, requiere de nuevas formas de organización sindical que superen las fronteras nacionales. En esta línea, los sindicatos han adoptado en los últimos años una posición más activa en el campo de la RSC, en el que, por un lado, están realizando un seguimiento de los compromisos adquiridos por las empresas y exigiendo su cumplimiento y, por otro, están intentando trasladar las políticas socialmente responsables voluntarias, unilaterales y autorreguladas al terreno de la negociación colectiva nacional y transnacional, lo que implica sentar las bases de una mínima regulación del mercado laboral global.

La citada Confederación Europea de Sindicatos (CES) publicó una Resolución sobre la Responsabilidad Social Empresarial el 10 de junio de 2004, en la que dejaba clara su posición en lo que se refiere a la materia que estamos abordando, que es hacer hincapié en que la RSC debe complementar, y nunca reemplazar, la legislación sobre derechos laborales, sociales y medioambientales o los acuerdos pactados en negociación colectiva.

En lo que respecta al sindicalismo español, las dos organizaciones sindicales mayoritarias, UGT y CC. OO., no han tenido una posición muy definida con respecto a la RSC en los primeros años de este siglo. Y esto a pesar de haber tratado el tema en Congresos Confederales, seminarios y publicaciones de todo tipo.

Por lo general, las dos organizaciones han seguido la posición de la CES. En esta línea, hacen mucho hincapié en delimitar de manera muy clara la legislación laboral y los convenios colectivos de la RSE, que defienden debe ser voluntaria, pero, al igual que opina la CES, multilateral y corregulada. CC. OO. y UGT consideran que las empresas son libres de elaborar o no códigos de conducta o informes de RSC, pero que una vez han adquirido el compromiso de ponerlos en práctica se convierten en obligatorios y su cumplimiento es exigible, aunque hayan sido adoptados unilateralmente. De esta forma, estos dos sindicatos hacen hincapié en que las relaciones con las partes interesadas y la multilateralidad son aspectos clave de la RSE y que las empresas deben involucrar a los sindicatos en el diseño, aplicación, rendición de cuentas y verificación de las políticas socialmente responsables.

Los sindicatos mayoritarios también demandan la verificación externa de las políticas socialmente responsables de las empresas de acuerdo con estándares establecidos por ley, una vez más previa consulta a las partes interesadas, que deben intervenir en el diseño de las auditorías. Las empresas auditoras externas deberían estar acreditadas por instituciones públicas correspondiendo a las organizaciones sindicales participar en la elección de las mismas. Además, se plantea como imprescindible la presencia sindical en determinadas fases de la realización de las auditorías laborales.

 Como conclusión, y de igual forma que toda herramienta poderosa, las organizaciones sindicales consideran que la RSC puede conllevar riesgos, pero también oportunidades. El principal riesgo es que las empresas la consoliden como un modo de debilitar la negociación colectiva y a las propias organizaciones sindicales. Sin embargo, se plantea también que la RSC puede fortalecerlas, muy en especial si se convierte en una vía para el desarrollo de la acción sindical internacional y la negociación colectiva transnacional. En esta línea, la RSE puede constituirse en un campo que facilite la internacionalización del movimiento sindical y la regulación del mercado de trabajo global.

3. El papel de las ONG

 El papel que desempeñan las ONG en los procesos de RSC tiene muchos puntos de contacto con el que desempeñan los sindicatos. Tal y como hemos analizado en el epígrafe anterior respecto a las organizaciones sindicales, el colectivo de ONG ejerce su papel en materia de RSC a través del fuerte poder de convocatoria que ejercen sobre la opinión pública, lo que les permite ejercer una presión continua sobre aquellas compañías que no actúan responsablemente.

115

 Las debilidades contemporáneas del Estado de Bienestar han provocado que el papel del Estado se reduzca, por lo que el modelo de autorregulación que propugna la RSC va llenando las lagunas que el control y la regulación del Estado ha dejado huérfanas. Las ONG y los sindicatos tienen una labor de vigilancia e influencia sobre esos ámbitos de voluntariedad, trabajando para que no sean mera "limpieza reputacional" de las compañías. También ofrecen soluciones a algunas fallas del mercado que se derivan del actual modelo económico.

Respecto al último punto citado, la RSC se configura como un elemento para corregir esta imperfección del mercado gracias al papel que las ONG desempeñan al cumplir, según lo plantean Peter Schwartz y Blair Gibb (en su libro *Cuando las buenas compañías se portan mal*) cuatro funciones básicas:

1. Una ONG activista expone una controversia como un problema.

2. Las ONG inician una campaña a la cual la opinión pública se adhiere entusiástica o débilmente.

3. Tras contar con una respuesta de la opinión pública suficiente, entran en juego los organismos gubernamentales e intergubernamentales y las ONG participan en la elaboración de nuevas leyes, reglamentaciones y códigos.

4. Las ONG pasan a ser fuentes de consulta en las decisiones de políticas futuras de las corporaciones.

Las ONG también pueden combatir contra la información imperfecta en los mercados; los consumidores no tienen información para decidir qué bienes y/o servicios deben adquirir, pues no saben si las empresas están cumpliendo con las políticas de RSC, a las cuales se han comprometido. En este campo las ONG desarrollan una función de vigilancia con el cumplimiento de estos códigos de conducta y estándares corporativos. Pueden vigilar las actividades de compañías multinacionales, la situación laboral de los empleados, las actividades que desarrollan en los estados subdesarrollados, especialmente respecto a su población y recursos naturales.

Otra tarea que asumen las ONG en la RSC es de carácter jurídico, especialmente a la hora de influir, e incluso suplir o compensar parcialmente las lagunas existentes en materia de Derecho Internacional.

Muestra de ello son las listas generadas por algunas ONG medioambientales, en las cuales se establece qué tipo de productos cumplen con condiciones suficientes para su consumo y cuáles no. En este mismo sentido se han diseñado algunos indicadores bursátiles que estudian el comportamiento de las acciones de empresas que han adoptado esquemas socialmente responsables. En la misma línea se encuentra la elaboración de códigos de conducta, en donde las ONG cumplen una doble función. La primera se relaciona con el apoyo técnico al sector económico o a la empresa para la construcción del código, y la segunda, ya antes mencionada, con la vigilancia del cumplimiento de estos compromisos.

Esta labor de vigilancia tiene un problema grave de origen: la falta de poder sancionador en caso de incumplimiento. Sin ese poder coercitivo, existe el peligro de que las actividades de RSC sean un mero instrumento de venta. Las empresas sin verdadera conciencia responsable declaran como una estrategia de marketing la adopción de un determinado código de conducta, persiguiendo con esto una percepción favorable por parte de los consumidores en el mercado. No obstante, en el momento de corroborar el cumplimiento del mismo, se encuentra la ausencia de su implementación como consecuencia de la inexistencia de una óptima protección jurídica que sancione este tipo de conductas.

3.1. OECD Watch

OECD Watch es una red global de organizaciones de la sociedad civil con más de 130 miembros en más de 50 países. El objetivo clave de OECD Watch es informar y asesorar a la comunidad global de ONG sobre cómo utilizar las Líneas Directrices de la OCDE para Empresas Multinacionales (Directrices de la OCDE) y su mecanismo de quejas asociado para lograr la responsabilidad corporativa y el acceso a reparación para las personas perjudicadas por la mala conducta corporativa.

OECD Watch está comprometida con la mejora de la implementación y la eficacia de las Directrices de la OCDE a través de:

- Mayor coordinación global de ONG.

- Promoción ante la OCDE, los gobiernos miembros y otras instituciones internacionales.

- Casos de apoyo a organizaciones de la sociedad civil.

La visión de OECD Watch es que todos los negocios se realicen respetando los derechos humanos. Para lograr esa visión, la misión de OECD Watch es triple:

1. Aumentar la eficacia y el alcance de las Líneas Directrices de la OCDE para Empresas Multinacionales (Directrices de la OCDE) como norma de conducta empresarial y herramienta para la rendición de cuentas.

2. Fortalecer los Puntos Nacionales de Contacto (PNC o NCP) para que sean accesibles, imparciales y estén equipados para proporcionar un acceso significativo a la reparación para las víctimas de daños corporativos.

3. Desarrollar la capacidad de las organizaciones de la sociedad civil para utilizar las Directrices de la OCDE y el mecanismo de quejas para garantizar la reparación de las comunidades, los trabajadores y las personas afectadas negativamente por la conducta empresarial.

OECD Watch se adhiere a la "Teoría del Cambio", doctrina que opina que las corporaciones multinacionales deben rendir cuentas por los impactos adversos que causan, a los que contribuyen o a los que están vinculadas, y que las víctimas de mala conducta corporativa deben tener acceso a la reparación. Hasta que los gobiernos promulguen reglas vinculantes para una conducta empresarial responsable, OECD Watch cree que las Líneas Directrices de la OCDE y el sistema de quejas de NCP tienen el potencial de fortalecer la responsabilidad corporativa y el acceso a la reparación para las víctimas. Este potencial solo se realizará si se fortalece el sistema de quejas. Reconociendo el descontento entre la sociedad civil sobre la utilidad del sistema de quejas de la OCDE, OECD Watch se esforzará por fortalecer la legitimidad y el alcance de las Directrices de la OCDE y la guía de procedimiento que las acompaña, la accesibilidad y la eficacia de los PNC.

3.2.   Coalición Europea para la Justicia Corporativa

La Coalición Europea para la Justicia Corporativa (ECCJ) es la mayor red de la sociedad civil dedicada a la responsabilidad empresarial, que reúne a más de 480 ONG, sindicatos e instituciones académicas de toda Europa para desarrollar una visión y un enfoque comunes sobre el tema. ECCJ tiene actualmente 20 miembros que incluyen coaliciones nacionales, capítulos nacionales de Amnistía Internacional y Oxfam, y organizaciones internacionales como Amigos de la Tierra Europa y FIDH.

La Coalición Europea para la Justicia Corporativa se guía por una visión de un mundo sostenible en el que la búsqueda de beneficios de las empresas se equilibre con el interés de la sociedad en general, y en el que las empresas respeten los derechos humanos, sociales y medioambientales. Desea una responsabilidad corporativa robusta que responsabilice a las empresas; mejor acceso a la justicia y recursos para las víctimas de abuso empresarial; y una mayor transparencia corporativa basada en informes significativos de la cadena de suministro que complementan la información financiera con impactos en las personas y el planeta.

Las prioridades de la actuación de la Coalición Europea para la Justicia Corporativa son las siguientes:

1. **La debida diligencia en materia de derechos humanos y medio ambiente:** se traduce en un proceso mediante el cual las empresas pueden identificar, prevenir, mitigar y dar cuenta de manera eficiente de los impactos negativos de sus actividades o las de sus subsidiarias, subcontratistas y proveedores.

2. **Una nueva ley europea:** cuando las empresas europeas se enfrentan a abusos contra los derechos humanos o el medio ambiente en su cadena de valor, muchas empresas abdican de su responsabilidad ante sus proveedores. Las empresas argumentan que no tienen influencia sobre los proveedores, a pesar de haberlos contratado. Con la creciente globalización de las cadenas de valor surge la necesidad de reglas claras para que las empresas sean responsables de prevenir, mitigar y remediar cualquier abuso de los derechos humanos o ambientales en dichas cadenas. Aprobar leyes que exijan que las empresas europeas implementen la debida diligencia tendría múltiples beneficios. Las corporaciones operan a través de las fronteras nacionales con pocos o ningún obstáculo. A menudo subcontratan partes de su producción, como la confección de ropa, la cosecha de granos de café o la extracción de minerales, a países con normas ambientales y de derechos humanos más laxas. En esos países, pueden actuar con impunidad.

3. **Reconocimiento internacional de reglas para hacer que las empresas rindan cuentas:** ya existen acuerdos voluntarios internacionales sobre cómo deben actuar las empresas: los Principios Rectores sobre las Empresas y los Derechos Humanos (UNGP) de las Naciones Unidas y los Lineamientos para Empresas Multinacionales de la OCDE. Ambos cuentan con el respaldo de la comunidad internacional, pero siguen siendo en gran medida voluntarios. Según un estudio de 2020 de la Comisión Europea, solo el 16% de las empresas encuestadas llevaron a cabo la debida diligencia en materia de derechos humanos a lo largo de toda su cadena de valor. En 2021, el Parlamento Europeo adoptó una resolución sobre diligencia debida y responsabilidad empresarial. Envió una poderosa señal política a la Comisión para que no omitiera elementos clave en su próxima propuesta, incluida la responsabilidad de la empresa matriz por los daños causados por sus filiales, un mejor acceso a la justicia para las víctimas en todo el mundo y fuertes sanciones y multas para las empresas que no abordan los riesgos e impactos negativos de sus operaciones globales. En febrero de 2022, la Comisión Europea publicó su propuesta de directiva sobre diligencia debida en sostenibilidad empresarial. En diciembre de 2022, los gobiernos de la UE acordaron un enfoque general, confirmando la posición del Consejo para las negociaciones del diálogo tripartito, que deberían comenzar en la primavera de 2023. Los cambios propuestos por los ministros dejarían la inclusión del sector financiero a discreción de cada estado miembro. Además, la definición de 'cadena de actividades' protegería a las empresas que producen pesticidas, armas o tecnología de vigilancia del escrutinio de los daños que crean sus productos y servicios.

En la última unidad de este curso nos hemos dedicado, tras analizar en detalle el concepto de RSC, a conocer quiénes son los actores implicados en su puesta en práctica. El actor principal, como no puede ser de otra forma, es la empresa, pero hemos descubierto cómo los sindicatos y las ONG contribuyen de manera esencial a la efectividad de estas iniciativas.

Las organizaciones sindicales y las ONG tienen entre sus funciones la canalización de las demandas de la sociedad hacia el sector privado; enfocar la atención de la sociedad hacia determinados temas de la agenda local e internacional; vigilar el cumplimiento de los compromisos, códigos de conducta y demás normas voluntarias a las que el sector empresarial se haya adherido; y la cooperación con sus conocimientos en la construcción de reglas de juego para la adecuada implementación de políticas de RSE.

Con estas acciones, sindicatos y ONG buscan que el Estado, y fundamentalmente la empresa, se acerquen a la sociedad a través de una relación que vaya más allá de la simple prestación, compra y venta de bienes y servicios, comprometiéndose de forma plena en el entorno que les permite desarrollarse.

La RSC y las ONG poseen un objetivo común, orientado hacia la generación de mejores condiciones de vida para las personas. En este sentido, desde el punto de vista de las ONG, la RSC se perfila como una herramienta a través de la cual alcanzar dicha meta.

Si la meta de la RSC y de las ONG es común, no pasa exactamente lo mismo con las ONG y las empresas. A pesar de que el bienestar de la comunidad en la que actúa debe ser una de las metas de la empresa, no es la única, y puede que tampoco la principal, que suele estar más dirigida a lograr beneficios. En este caso, las ONG se constituyen en el mecanismo más efectivo para buscar la consecución y conciliación de los intereses de la comunidad y demás interesados con los de la compañía, es decir, bienestar social y sostenibilidad empresarial.

A su vez, el papel que desempeñan las Organizaciones no Gubernamentales en el diseño, implementación, evaluación y seguimiento de las prácticas de RSC es fundamental, son los entes encargados de llamar la atención de la sociedad sobre aquellas prácticas inadecuadas que algunas empresas aún conservan en su afán de maximizar sus beneficios, desconociendo la posición que cada uno de los actores interesados pueda tener.

De igual forma, sin la labor de vigilancia que las ONG desarrollan sobre el cumplimiento de los códigos de conducta y estándares por las empresas, la opinión pública no lograría identificar con claridad en el mercado qué bienes o servicios son el resultado de prácticas socialmente responsables, pudiendo ejercer de manera informada sus derechos como consumidores.

Adicionalmente, gracias al papel que las ONG desarrollan en el ámbito jurídico, se logran atenuar algunas fallas del mercado, y llenar algunos vacíos jurídicos, propios de un sistema en donde se tiene como máximo ente de regulación la mano invisible que equilibra el libre juego de la oferta y la demanda.

TEST DE UNIDADES DIDÁCTICAS

ENUNCIADOS

Unidad 1

1. Una de las primeras apariciones de la RSC en la literatura económica se remonta a la denominada teoría de la "mano invisible", que hace coincidir la búsqueda del interés individual con el beneficio de toda la sociedad. ¿A qué autor se debe esa teoría?:

   a) Andrew Carnegie.
   b) Howard Bowen.
   c) Adam Smith.
   d) Friedman.

2. Uno de estos autores es apodado por sus aportaciones como el "padre de la RSC":

   a) Andrew Carnegie.
   b) Howard Bowen.
   c) Adam Smith.
   d) Friedman.

3. ¿Cuál de estos documentos del año 2001 inició el debate institucional europeo en materia de RSC?:

   a) El Libro Verde sobre la Responsabilidad Social de las Empresas.
   b) El Libro Blanco sobre la Responsabilidad Social de las Empresas.
   c) El Convenio Europeo sobre Responsabilidad Social de las Empresas.
   d) El Reglamento de Responsabilidad Social de las Empresas.

4. La Estrategia Renovada de la Unión Europea sobre Responsabilidad Social de las Empresas es un documento clave en la implantación del concepto en nuestro continente. ¿En qué año se presentó dicha Estrategia?:

   a) 2013.
   b) 2012.
   c) 2011.
   d) 2015.

5. El que la RSC sea un concepto que afecta a distintos ámbitos de gestión de la empresa, y no solo a los económicos o comerciales, hace que califiquemos este concepto como:

   a) Unívoco.
   b) Genérico.
   c) Polisémico.
   d) Transversal.

6. **El que las empresas tienen la obligación de observar, respetar y promover los Derechos Humanos:**

   a) Figura en el articulado de la Declaración Universal de Derechos Humanos.
   b) Figura en el preámbulo de la Declaración Universal de Derechos Humanos.
   c) No figura en la Declaración Universal de Derechos Humanos.
   d) Ninguna es correcta.

7. **¿Cuál de estos documentos incluye importantes aspectos sobre políticas de empleo en general, como la formación del personal, la gestión de quejas de empleados, y la negociación colectiva?:**

   a) La Declaración Tripartita de Principios sobre Empresas Multinacionales y Política Social.
   b) Las Directrices de la OCDE para Empresas Multinacionales.
   c) Son correctas a) y b).
   d) La Agenda 2030 de la ONU.

8. **Entre los principios que fundamentan las Directrices de las Naciones Unidas para protección del consumidor NO encontramos el siguiente:**

   a) El derecho al acceso a bienes y servicios básicos.
   b) El derecho a la seguridad.
   c) El derecho a la salud.
   d) El derecho a la resiliencia.

9. **Entre los principios que fundamentan las Directrices de las Naciones Unidas para protección del consumidor SÍ encontramos el siguiente:**

   a) El derecho a la sostenibilidad.
   b) El derecho a la equidad.
   c) El derecho a la restitución del precio.
   d) El derecho a la devolución de ingresos indebidos.

10. **El Convenio de la OCDE de lucha contra la corrupción de funcionarios públicos extranjeros en las transacciones comerciales internacionales establece como delito:**

   a) Que las empresas sobornen a dichos funcionarios.
   b) El establecimiento de cuentas fuera de libros.
   c) La realización de transacciones extracontables o insuficientemente identificadas.
   d) El registro de gastos inexistentes.

Unidad 2

1. ¿Cuál de los siguientes NO es uno de los 4 grandes ámbitos de actuación de la RSC según el Pacto Mundial de las Naciones Unidas?:

   a) Derechos humanos.
   b) Derechos ambientales
   c) Lucha contra la corrupción.
   d) Derechos del consumidor.

2. El Informe de la Comisión Mundial sobre Medio Ambiente y Desarrollo es conocido también como:

   a) Informe Brundtland.
   b) Libro Verde.
   c) Libro Blanco.
   d) Informe Englund.

3. ¿Cuál de estas afirmaciones sobre la relación entre responsabilidad jurídica y responsabilidad social corporativa es correcta?:

   a) La primera es de orden facultativo, la segunda de orden obligatorio.
   b) La primera es de orden obligatorio, la segunda de orden facultativo.
   c) La dos son de orden obligatorio.
   d) La dos son de orden facultativo.

4. Entre los llamados "principios de la Calidad Total" NO encontramos uno de los siguientes:

   a) Orientación hacia los accionistas.
   b) Orientación al cliente.
   c) Liderazgo y coherencia en los objetivos.
   d) Gestión por procesos y hechos.

5. ¿Cuál de los siguientes NO es uno de los estándares, convenios o marcos normativos que existen a nivel internacional en materia de seguridad laboral?:

   a) Pacto Mundial de 1999.
   b) El Libro Blanco de la Comisión Europea de 2006.
   c) Normas OHSAS.
   d) NTP 1044 INSHT.

6. ¿Cuál de las siguientes NO es una de las recomendaciones de la Agencia Europea para la Seguridad y la Salud en el Trabajo para integrar la prevención de riesgos laborales y la responsabilidad social corporativa?:

   a) Construir sobre lo ya existente.
   b) Definir objetivos estratégicos.
   c) Aprender de la experiencia propia.
   d) Identificar e implicar a los interlocutores relevantes.

7. El que la empresa dirija la RSE hacia sus trabajadores, a través del respeto y promoción de sus derechos, códigos de conducta en el trabajo… es una muestra de la:

   a) RSE interna.
   b) RSE externa.
   c) RSE integrada.
   d) RSE desintegrada.

8. Se han descubierto retornos muy beneficiosos de una política empresarial donde la RSE tome protagonismo en el ámbito laboral. ¿Cuál de los siguientes NO es uno de esos retornos?:

   a) Motivación de los trabajadores.
   b) Mejor clima laboral.
   c) Sentido de pertenencia y lealtad a la sociedad.
   d) Disminución de los conflictos laborales.

9. ¿Qué Objetivo de Desarrollo Sostenible de la Agenda 2030 está destinado a "Promover el crecimiento económico inclusivo y sostenible, el empleo y el trabajo decente para todos"?:

   a) El Objetivo número 7.
   b) El Objetivo número 10.
   c) El Objetivo número 6.
   d) El Objetivo número 8.

10. Entre las normas internacionales de referencia de la RSE laboral provenientes de la U.E. NO aparece una de las siguientes:

   a) Libro verde "Fomentar un marco europeo para la responsabilidad social de las empresas" (2001).
   b) Comunicación del Consejo Europeo «RSE: una contribución empresarial al desarrollo resiliente» (2002).
   c) Comunicación de la Comisión «Poner en práctica la asociación para el crecimiento y el empleo: hacer de Europa un polo de excelencia de la RSE» (2006).
   d) Comunicación de la Comisión "Estrategia renovada de la UE 2011-2014 sobre RSE" (2011).

Unidad 3

1. ¿Qué organización ha emitido recomendaciones en nombre de los gobiernos a las empresas multinacionales para una conducta empresarial responsable?:

   a) O.C.D.E.
   b) O.I.T.
   c) U.E.
   d) O.N.U.

2. Los Principios Rectores de Naciones Unidas sobre Empresas y Derechos Humanos ponen en práctica un marco de las Naciones Unidas basado en 3 valores, NO siendo uno de ellos el siguiente:

   a) Proteger.
   b) Respetar.
   c) Colaborar.
   d) Remediar.

3. ¿Cuál de estas normas de la familia ISO está dedicada especialmente a la Responsabilidad Social de las empresas?:

   a) ISO 9001:2015.
   b) ISO 26000:2010.
   c) ISO 14001:2015.
   d) ISO 900:2014.

4. ¿Cuál es la red de organismos de certificación de calidad más grande del mundo desde su origen?:

   a) AENOR
   b) BBVQ
   c) IQNet.
   d) EMAS.

5. ¿Cuál de estas afirmaciones sobre la relación entre la RSE y las pymes es incorrecta?:

   a) Las pymes tienen peculiaridades intrínsecas a su propia naturaleza.
   b) El logro de una economía sostenible y socialmente responsable no puede fundamentarse exclusivamente en la aplicación de buenas prácticas en las grandes corporaciones.
   c) Es indudable que los conceptos y metodologías aplicadas por las grandes corporaciones pueden ser extrapolados de forma inalterada a las pymes.
   d) Las actividades de las pequeñas empresas suelen ser percibidas como informales, no burocráticas y espontáneas.

6. En España, aproximadamente, son catalogadas como familiares el siguiente porcentaje de las pymes:

   a) 65%.
   b) 25%.
   c) 45%.
   d) 5%.

7. ¿Cuál de estas afirmaciones sobre la relación del tamaño de las pymes y la RSE es incorrecta para una gran mayoría de autores?:

   a) Las pymes tienen una menor documentación de sus operaciones que las grandes empresas.
   b) Las pymes tienen menos obstáculos de procedimiento que las grandes empresas.
   c) Las pymes aplican un estilo de gestión informal a las cuestiones estratégicas.
   d) Las pymes aplican mayor formalidad en sus estrategias de sostenibilidad que las grandes empresas.

8. ¿En qué año fue constituido en nuestro país el Foro de Expertos sobre RSE?:

   a) 2007.
   b) 2005.
   c) 2009.
   d) 2011.

9. Para el Foro de Expertos sobre RSE, el ámbito de dicha RSE es:

   a) Interno a la empresa.
   b) Externo a la empresa.
   c) Tanto interno como externo a la empresa.
   d) Tanto interno como externo a la empresa, y transversal a la legislación.

10. El Foro de Expertos sobre RSE opina que la verdadera naturaleza de la RSE es de carácter:

   a) Medioambiental.
   b) Laboral.
   c) Social.
   d) Moral.

Unidad 4

1. La Estrategia Española de Responsabilidad Social de las Empresas posee:

   a) 5 objetivos y 15 líneas de actuación.
   b) 6 objetivos y 12 líneas de actuación.
   c) 4 objetivos y 10 líneas de actuación.
   d) 3 objetivos y 5 líneas de actuación.

2. Entre las varias líneas de actuación de la Estrategia Española de Responsabilidad Social de las Empresas NO encontraremos la siguiente:

   a) Promoción de la RSE como elemento impulsor de organizaciones más rentables.
   b) Integración de la RSE en la educación, la formación y la investigación.
   c) Buen Gobierno y transparencia como instrumentos para el aumento de la confianza.
   d) Gestión responsable de los recursos humanos y fomento del empleo.

3. ¿Cómo se denomina el programa de promoción de la Responsabilidad Social Corporativa (RSC) entre las empresas cántabras?:

   a) Cantabria Sostenible.
   b) Cantabria Responsable.
   c) Cantabria Resiliente.
   d) Cantabria Avanza.

4. ¿Cuál de estas Comunidades Autónomas ha aprobado una norma con rango legal para regular la RSE en su ámbito territorial?:

   a) Navarra, la Ley 15/2010.
   b) Galicia, la Ley 15/2010.
   c) Andalucía, la Ley 15/2010.
   d) Extremadura, la Ley 15/2010.

5. Desde 2021, la legislación nacional sobre responsabilidad social corporativa afecta a todas las empresas con más de:

   a) 50 empleados.
   b) 150 empleados.
   c) 250 empleados.
   d) 500 empleados.

6. ¿Quién ostenta la presidencia del Consejo Estatal de Responsabilidad Social de las Empresas?:

   a) La persona titular del Ministerio de Trabajo.
   b) La persona titular del Ministerio de Economía.
   c) El Presidente del Gobierno.
   d) El Presidente del Congreso.

7. Desde su aprobación, la Ley Orgánica para la igualdad efectiva de mujeres y hombres esperaba que hubiera una presencia equilibrada de mujeres y hombres en los Consejos de administración de las sociedades obligadas a presentar cuenta de pérdidas y ganancias no abreviadas en un plazo de:

   a) 10 años.
   b) 8 años.
   c) 5 años.
   d) 3 años.

8. La adjudicación de los contratos del sector público en España se realizará general-mente utilizando una pluralidad de criterios en base a la mejor relación:

   a) Coste-eficacia.
   b) Coste-ciclo de vida.
   c) Calidad-ciclo de vida.
   d) Calidad-precio.

9. La Secretaría de GRI *(Global Reporting Initiative)* tiene su sede en:

   a) Ámsterdam.
   b) Nueva York.
   c) Berlín.
   d) Boston.

10. ¿Con cuántas oficinas regionales cuenta GRI *(Global Reporting Initiative)*?:

   a) 5.
   b) 3.
   c) 12.
   d) 7.

Unidad 5

1. En los Estándares GRI, el término impacto posee varias connotaciones, NO estando entre ellas la siguiente:

   a) Reales.
   b) Imaginarios.
   c) Negativos.
   d) Positivos.

2. En los Estándares GRI, ¿cuál de los siguientes NO es uno de los grupos principales de "temas materiales" de una organización?:

   a) Ciencia.
   b) Economía.
   c) Medioambiente.
   d) Personas.

3. En los Estándares GRI, ¿cuál es el término que se refiere al proceso mediante el que una organización identifica, previene, mitiga y justifica su forma de gestionar sus impactos significativos reales en el entorno?:

   a) Excelencia.
   b) Planificación estratégica.
   c) Debida diligencia.
   d) Evaluación.

4. ¿Cuál de estos modelos de gestión de la RSC cuenta con una fase de *feedback* que permita conocer la opinión de los *stakeholders* con respecto a la RSC realizada por la organización?:

   a) Modelo de AECA.
   b) Modelo de O'Riordan.
   c) Modelo "estratégico".
   d) Modelo de Maignan, Ferrell y Ferrell.

5. ¿Cuál de estos modelos de gestión de la RSC NO cuenta con una fase de comunicación?:

   a) Modelo de AECA.
   b) Modelo de O'Riordan.
   c) Modelo "estratégico".
   d) Modelo de Maignan, Ferrell y Ferrell.

6. ¿Cuál de estos modelos de gestión de la RSC NO cuenta con una fase de evaluación?:

   a) Modelo de AECA.
   b) Modelo de O'Riordan.
   c) Modelo "estratégico".
   d) Modelo de Maignan, Ferrell y Ferrell.

7. ¿Cuál de estos modelos de gestión de la RSC NO cuenta con una fase de implementación de la RSC?:

   a) Modelo de Marín.
   b) Modelo "dinámico".
   c) Modelo "estratégico".
   d) Modelo de Maignan, Ferrell y Ferrell.

8. ¿Cuál de estos modelos de gestión de la RSC NO cuenta con una etapa clara de planificación de la RSC?:

   a) Modelo de Marín.
   b) Modelo "dinámico".
   c) Modelo "estratégico".
   d) Modelo de Maignan, Ferrell y Ferrell.

9. ¿Cuál de las siguientes fases NO pertenece al modelo de gestión "dinámico" de la RSC?:

   a) La evaluación del entorno.
   b) La planificación.
   c) La fiscalización.
   d) La implementación.

10. En el modelo de gestión "dinámico" de la RSC, algunas de sus fases se agrupan en un proceso denominado "rediseño". ¿Cuál de estas fases NO pertenece a este grupo?:

    a) Planificación.
    b) Seguimiento y control.
    c) Comunicación.
    d) *Feedback*.

Unidad 6

1. ¿Cuál de los siguientes NO es uno de los beneficios de contar con un plan de RSC?:

   a) Mejorar el clima laboral.
   b) Mantener y atraer el talento.
   c) Eliminar la competencia de la empresa.
   d) Incrementar la creatividad.

2. Cuando la comunicación organizacional es total e integradora, abierta y con objetivos, se la denomina:

   a) Táctica.
   b) Estratégica.
   c) Operativa.
   d) Operacional.

3. Cuando la comunicación organizacional se produce entre colaboradores del mismo nivel jerárquico, según el organigrama de la compañía, se denomina:

   a) Horizontal.
   b) Cruzada.
   c) Circular.
   d) Ascendente.

4. ¿Qué modelo de comunicación organizacional suele propiciar información autoritaria o falta de escucha?:

   a) Interaccional.
   b) Transaccional.
   c) Relacional.
   d) Lineal.

5. Entre los tipos de comunicación organizacional, aquella que genera estrategias y campañas para informar, motivar, capacitar e involucrar al personal propio con las actividades de la empresa, se denomina:

   a) Externa.
   b) Interna.
   c) Formal.
   d) Informal.

6. ¿Cuál de los siguientes NO es uno de los requisitos habituales que la doctrina demanda a todos los indicadores sobre RSC?:

    a) Fiabilidad.
    b) Comparabilidad.
    c) Validez.
    d) Adaptabilidad.

7. ¿Cuál de los siguientes NO es uno de los temas del cuestionario de los Indicadores Ethos?:

    a) Valores, Transparencia y Gobierno Corporativo.
    b) Público Interno.
    c) Medio Ambiente.
    d) Competidores empresariales.

8. ¿Qué órgano de la U.E. emitió un dictamen el 8 de junio de 2005 llamado Instrumentos de información y evaluación de la responsabilidad social de las empresas en una economía globalizada?:

    a) El Comité Económico y Social Europeo.
    b) El Comité de las Regiones Europeo.
    c) La Comisión Europea.
    d) El Consejo Europeo.

9. ¿Qué metodología para la medición de la RSC tiene una importancia especial en el Reino Unido, lo que ha favorecido que empresas con actividad allí lo implanten en todas sus actividades a nivel mundial?:

    a) GC Value Driver Model.
    b) LBG.
    c) El método SROI.
    d) CR Index.

10. ¿Qué metodología para la medición de la RSC fue desarrollada por el Pacto Mundial en 2013?:

    a) GC Value Driver Model.
    b) LBG.
    c) El método SROI.
    d) CR Index.

Unidad 7

1. ¿Quién es considerado el padre de la teoría de los grupos de interés o *"stakehol-ders"*?:

   a) Friedman.
   b) Freeman.
   c) Weber.
   d) Maxwell.

2. El Informe Forética 2011 establece una serie de herramientas de diálogo que pueden usar las compañías con sus grupos de interés, NO siendo una de ellas las:

   a) Herramientas unidireccionales.
   b) Herramientas bidireccionales.
   c) Herramientas integradoras.
   d) Herramientas globalizadoras.

3. El Sistema de Gestión Ética y Socialmente Responsable (SGE 21) detecta que la mayoría de las organizaciones tiene el siguiente número de grupos de interés principales:

   a) 7.
   b) 11.
   c) 9.
   d) 5.

4. OECD Watch es una red global de:

   a) Organizaciones de la sociedad civil con más de 130 miembros en más de 50 países.
   b) Estados Europeos, con 15 miembros.
   c) Estados de todo el planeta, con 150 miembros.
   d) Organizaciones mercantiles con más de 300 miembros en más de 100 países.

5. La RSC no solo conlleva riesgos para las organizaciones sindicales, también oportunidades, estando entre ellas:

   a) La verificación externa de las políticas socialmente responsables de las empresas.
   b) Intervenir en el diseño de las auditorías.
   c) Facilitar la internacionalización del movimiento sindical.
   d) La desregulación del mercado de trabajo global.

6. ¿En qué consiste la "información imperfecta" en los mercados?:

   a) Los consumidores no tienen información para decidir qué bienes y/o servicios deben adquirir.
   b) Las compañías no tienen información para decidir qué bienes y/o servicios deben producir.
   c) Las administraciones no tienen información para decidir qué bienes y/o servicios deben regular.
   d) Las autoridades de regulación no tienen información para decidir qué bienes y/o servicios deben limitar.

7. OECD Watch se adhiere a una doctrina que opina que las corporaciones multinacionales deben rendir cuentas por los impactos adversos que causan. Esa doctrina se denomina:

   a) Teoría de la Responsabilidad.
   b) Teoría del Cambio.
   c) Teoría del Efecto.
   d) Teoría de la Diligencia Debida.

8. OECD Watch está comprometida con la mejora de la implementación y la eficacia de las Directrices de la OCDE a través de:

   a) Mayor coordinación global de ONG.
   b) Promoción ante la OCDE, los gobiernos miembros y otras instituciones internacionales.
   c) Casos de apoyo a organizaciones de la sociedad civil.
   d) Todas las acciones anteriores.

9. Para lograr su visión, la misión de OECD Watch es triple. ¿Cuál de estas opciones, por lo tanto, no forma parte de esa visión?:

   a) Aumentar la eficacia y el alcance de las Directrices de la OCDE.
   b) Fortalecer los Puntos Nacionales de Contacto.
   c) Obtener representación en el Parlamento Europeo.
   d) Desarrollar la capacidad de las organizaciones de la sociedad civil para utilizar las Directrices de la OCDE.

10. ¿Cuál es la mayor red de la sociedad civil dedicada a la responsabilidad empresarial de toda Europa?:

   a) La Coalición Europea para la Justicia Corporativa.
   b) OECD Watch.
   c) Amigos de la Tierra Europa.
   d) Amnistía Internacional.

TEST DE UNIDADES DIDÁCTICAS

Unidad 1

1. **c)** Adam Smith.
2. **b)** Howard Bowen.
3. **a)** El Libro Verde sobre la Responsabilidad Social de las Empresas.
4. **c)** 2011.
5. **d)** Transversal.
6. **b)** Figura en el preámbulo de la Declaración Universal de Derechos Humanos.
7. **c)** Son correctas a) y b).
8. **d)** El derecho a la resiliencia.
9. **a)** El derecho a la sostenibilidad.
10. **a)** Que las empresas sobornen a dichos funcionarios.

Unidad 2

1. **d)** Derechos del consumidor.
2. **a)** Informe Brundtland.
3. **b)** La primera es de orden obligatorio, la segunda de orden facultativo.
4. **a)** Orientación hacia los accionistas.
5. **b)** El Libro Blanco de la Comisión Europea de 2006.
6. **c)** Aprender de la experiencia propia.
7. **a)** RSE interna.
8. **c)** Sentido de pertenencia y lealtad a la sociedad.
9. **d)** El Objetivo número 8.
10. **b)** Comunicación del Consejo Europeo «RSE: una contribución empresarial al desarrollo resiliente» (2002).

Unidad 3

1. *a)* O.C.D.E.

2. *c)* Colaborar.

3. *b)* ISO 26000:2010.

4. *c)* IQNet.

5. *c)* Es indudable que los conceptos y metodologías aplicadas por las grandes corporaciones pueden ser extrapolados de forma inalterada a las pymes.

6. *a)* 65%.

7. *d)* Las pymes aplican mayor formalidad en sus estrategias de sostenibilidad que las
grandes empresas.

8. *b)* 2005.

9. *c)* Tanto interno como externo a la empresa.

10. *c)* Social.

Unidad 4

1. *c)* 4 objetivos y 10 líneas de actuación.

2. *a)* Promoción de la RSE como elemento impulsor de organizaciones más rentables.

3. *b)* Cantabria Responsable.

4. *d)* Extremadura, la Ley 15/2010.

5. *c)* 250 empleados.

6. *a)* La persona titular del Ministerio de Trabajo.

7. *b)* 8 años.

8. *d)* Calidad-precio.

9. *a)* Ámsterdam.

10. *d)* 7.

Unidad 5

1. **b)** *Imaginarios.*
2. **a)** *Ciencia.*
3. **c)** *Debida diligencia.*
4. **d)** *Modelo de Maignan, Ferrell y Ferrell.*
5. **c)** *Modelo "estratégico".*
6. **b)** *Modelo de O'Riordan.*
7. **a)** *Modelo de Marín.*
8. **d)** *Modelo de Maignan, Ferrell y Ferrell.*
9. **c)** *La fiscalización.*
10. **a)** *Planificación.*

Unidad 6

1. **c)** *Eliminar la competencia de la empresa.*
2. **b)** *Estratégica.*
3. **a)** *Horizontal.*
4. **d)** *Lineal.*
5. **b)** *Interna.*
6. **d)** *Adaptabilidad.*
7. **d)** *Competidores empresariales.*
8. **a)** *El Comité Económico y Social Europeo.*
9. **b)** *LBG.*
10. **a)** *GC Value Driver Model.*

Unidad 7

1. **b)**   *Freeman.*

2. **d)**   *Herramientas globalizadoras.*

3. **c)**   *9.*

4. **a)**   *Organizaciones de la sociedad civil con más de 130 miembros en más de 50 países.*

5. **c)**   *Facilitar la internacionalización del movimiento sindical.*

6. **a)**   *Los consumidores no tienen información para decidir qué bienes y/o servicios deben adquirir.*

7. **b)**   *Teoría del Cambio.*

8. **d)**   *Todas las acciones anteriores.*

9. **c)**   *Obtener representación en el Parlamento Europeo.*

10. **a)**   *La Coalición Europea para la Justicia Corporativa.*

GLOSARIO

Accountability

La traducción directa al español es responsabilidad: to be accountable significa tener que rendir cuentas por las acciones que se realizan. En general es una expresión ampliamente usada y traducida al español como rendición de cuentas en términos de Responsabilidad Social Corporativa.

Aprendizaje comparativo (Benchlearning)

La evaluación comparativa en las administraciones públicas europeas suele centrarse en los aspectos de aprendizaje y actualmente se denomina más comúnmente "aprendizaje comparativo", es decir, aprender a mejorar mediante el intercambio de conocimientos, información y, a veces, recursos. Se reconoce como una forma efectiva de introducir cambios organizativos. Reduce los riesgos, es eficiente y ahorra tiempo.

Aprendizaje electrónico (E-learning)

El aprendizaje electrónico se refiere a todas las formas de aprendizaje en las que se utilizan medios electrónicos o digitales para la presentación y distribución de material didáctico y/o para para el apoyo de la comunicación interpersonal.

Cadena de valor

Modelo de negocios que describe el rango completo de actividades necesarias para crear un producto o servicio. Para las empresas que producen bienes, esta cadena comprende los pasos que llevan un producto desde la etapa de concepción hasta la de distribución.

147

Capital social

Conjunto de estos activos y recursos (tangibles o virtuales) acumulados a través de las relaciones sociales externas e internas por la organización y por sus partícipes.

Clúster

Esta palabra no está registrada en el Diccionario de la RAE. Se utiliza el término para designar concentraciones geográficas de empresas especializadas, cuya dinámica de interacción explica el aumento de la productividad y la eficiencia, la reducción de costes de transacción, la aceleración del aprendizaje y la difusión del conocimiento.

Código de conducta

Se trata de reglas, directrices o normas de comportamiento para individuos, grupos profesionales, equipos u organizaciones. Los códigos de conducta también pueden aplicarse a actividades específicas, como la auditoría o la evaluación comparativa, y suelen hacer referencia a normas éticas.

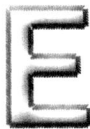

Empoderamiento

Se trata de un proceso por el cual se otorga una mayor autoridad a una persona o a un grupo de personas en el proceso de toma de decisiones. Puede aplicarse a los ciudadanos o a los empleados públicos permitiéndoles su participación y concediéndoles cierto grado de autonomía en sus acciones/decisiones.

Evaluación y análisis comparativo (Benchmarking)

Existen numerosas definiciones de la evaluación y análisis comparativo, benchmarking, pero las palabras clave asociadas a ella son "hacer una comparación con otros". "La evaluación y análisis comparativo, benchmarking, consiste simplemente en hacer comparaciones con otras organizaciones y, a continuación, aprender las lecciones que esas comparaciones revelen".

Excelencia

Práctica sobresaliente en la gestión de una organización y el logro de resultados basados en un conjunto de conceptos fundamentales de Gestión de Calidad Total, tal como lo formula la EFQM. Estos incluyen: la orientación a los resultados, la orientación al cliente, el liderazgo y la perseverancia en la gestión por procesos y hechos, la participación de las personas, la mejora continua y la innovación continua, las alianzas mutuamente beneficiosas y la Responsabilidad Social Corporativa.

Gestión de Calidad Total

La gestión de calidad total (GTC o TQM en sus siglas inglesas) es una filosofía de gestión, centrada en el cliente, que implica a toda la organización (procesos estratégicos-operativos de apoyo) en la asunción de responsabilidades y la garantía de la calidad de sus productos/servicios y procesos, buscando constantemente mejorar la eficacia de sus procesos en cada etapa. La GTC debe abordar la mayoría de las dimensiones de la organización aplicando un enfoque de gestión holístico, para satisfacer las necesidades o requerimientos de los clientes; el enfoque involucra a los grupos de interés. El concepto de GTC surgió en los años 80; gestión de calidad total (GTC), gestión de calidad (GC) o calidad total (CT) son el mismo concepto, aunque algunos autores hacen alguna diferenciación.

Pensamiento creativo (Design Thinking)

Se refiere a los procesos cognitivos, estratégicos y prácticos mediante los cuales los diseñadores o equipos de diseño desarrollan los conceptos de diseño (propuestas de nuevos productos, edificios, máquinas, etc.). El pensamiento creativo tiene como objetivo ayudar al sector público a desarrollar soluciones prácticas e innovadoras para los problemas cotidianos.

Principio de una sola vez

En el desarrollo de unos servicios públicos orientados al cliente y a demanda, el principio de "una sola vez" desempeña un papel importante. Describe la visión de que los ciudadanos pueden obtener información, solicitar y obtener servicios públicos y en un mismo lugar a través de una única solicitud. En este sentido, el principio de "una sola vez" se contrapone al principio burocrático, que se caracteriza, entre otras cosas, por una multitud de responsabilidades diferentes localizadas en distintas Administraciones Públicas u órganos administrativos.

Reporting

Es una técnica usada para generar nuevas estrategias a la hora de la toma de decisiones empresariales, mediante la clasificación de datos e informes exhaustivos con información sobre las actividades y rendimiento financiero de una empresa a lo largo de un año. Este sistema, que era utilizado por grandes empresas, es ahora una ventaja competitiva que tienen que utilizar las pymes para mantenerse en el mercado.

Resiliencia

La gestión de la resiliencia abarca todas las medidas destinadas a mejorar la resiliencia de un sistema organizativo para fortalecerlo frente a las influencias externas. Por lo tanto, la resiliencia es la resistencia sistémica a las perturbaciones y los cambios azarosos del contexto. Se hace una distinción entre una forma proactiva (agilidad) y una forma reactiva (solidez). Por lo tanto, las estructuras organizativas resilientes se caracterizan por una rápida y flexible adaptabilidad a las influencias externas.

Sostenibilidad/desarrollo sostenible

Se trata de un desarrollo adecuado para satisfacer las necesidades actuales sin comprometer la posibilidad de satisfacer las necesidades de las generaciones futuras.

Stakeholder

El concepto de stakeholder fue popularizado por Freeman (1984) y considera como tales a todas las personas o grupos que afectan (papel activo) o pueden ser afectados (papel pasivo) por los logros de los objetivos de una organización.

BIBLIOGRAFÍA

WEBGRAFÍA

Bibliografía

A continuación, relacionamos una serie de manuales que consideramos interesantes como bibliografía relacionada con el temario:

- Agencia Europea para la seguridad y la salud en el trabajo: *Quality of the working environment and productivity (working paper).* 2004

- Agencia Europea para la seguridad y la salud en el trabajo: *Issue 210 - Corporate social responsibility and safety and health at work.* 2004

- Libro Verde (2001) de la Comisión Europea titulado *«Fomentar un marco europeo para la responsabilidad social de las empresas».*

- AECA. (2004). *Marco Conceptual de la Responsabilidad Social Corporativa.* Madrid, Asociación Española de Contabilidad y Administración de Empresas.

- AECA. (2006). *La Semántica de la RSC.* Doc. 3-Comisión RSC. Madrid.

- HOWARD R. BOWEN. (1953). *Social responsibilities of the businessman.* New York: Harper & Brothers.

- ROBERTO FERNÁNDEZ GAGO. (2005). *Administración de la Responsabilidad Social Corporativa.* Madrid: Thomson.

- *Introducción a la Responsabilidad Social Corporativa.* Observatorio de RSC.

- ESTRELLA BARRIO-FRAILE. (2018): *La gestión de la responsabilidad social corporativa.* Questiones Publicitarias, 22, pp. 59-68.

- AECA. (2003). *Marco Conceptual de la Responsabilidad Social Corporativa.* Madrid: Asociación Española de Contabilidad y Administración de Empresas (AECA).

- ISABELLE MAIGNAN y O.C. FERRELL. (2004). *Corporate social responsibility and marketing: An integrative framework. Journal of the Academy of Marketing Science,* 32(1), pp. 3-19.

- ISABELLE MAIGNAN, O.C. FERRELL y LINDA FERRELL. (2005). *A stakeholder model for implementing social responsibility in marketing.* European Journal of Marketing, 39(9/10), pp. 956-977.

- LINDA O'RIORDAN. (2006). *CSR and Stakeholder Dialogue: Theory, Concepts, and Models for the Pharmaceutical Industry.* MRes Dissertation, University of Bradford, Bradford.

- LINDA O'RIORDAN y JENNY FAIRBRASS. (2008). *Corporate Social Responsibility (CSR): Models and Theories in Stakeholder Dialogue.* Journal of Business Ethics, 83, pp. 745-758.

- FRANCISCO MARÍN. (2008). *Responsabilidad social corporativa y comunicación.* Madrid: Fragua.

Webgrafía

Además, presentamos un listado de sitios web que consideramos de interés también para ampliar información.

- Para conocer el modelo EFQM visita: https://www.clubexcelencia.org/conocimiento/modelo-efqm

- Web del Observatorio de Responsabilidad Social Corporativa https://observatoriorsc.org/

- Transparencia Internacional http://www.transparencia.org.es/

- Guía ISO 26000 sobre Responsabilidad Social: http://www.iso.org/iso/iso26000

- Información y guía de GRI. https://www.globalreporting.org/

- Responsabilidad social en la Administración General del Estado: https://funcionpublica.hacienda.gob.es/funcion-publica/dialogo-social/responsabilidad-social.html

A continuación, se recogen las direcciones en Internet de organizaciones que tienen informes sobre la situación de las empresas españolas en materia de Responsabilidad Social de las Empresas:

- AENOR. Asociación Española de Normalización y Certificación. www.aenor.es

- Amnistía Internacional. www.amnesty.org

- APIE. Asociación de Periodistas de Información Económica. www.apie.es

- Asociación Española de Fundaciones. www.fundaciones.org

- Ayuda en Acción. www.ayudaenaccion.org

- Cáritas Española. www.caritas.es

- CECA. Confederación española de Cajas de Ahorro. www.ceca.es

- CECU. Confederación de Consumidores y Usuarios. www.cecu.es

- CEPES. Confederación Empresarial Española de la Economía Social. www.cepes.es

- CERMI. Comité Español de Representantes de Personas con Discapacidad. www.cermi.es

- Club de la Excelencia en Sostenibilidad. www.clubexcelencia.org

- Cruz Roja Española. www.cruzroja.es

- Escuela de negocios EOI. www.eoi.es

- Fundación Carolina. www.fundacioncarolina.es

- Fundación CONAMA. www.conama.org

- Fundación Economía y Desarrollo. www.ecodes.org

- Fundación Empresa y Sociedad. www.empresaysociedad.org

- Fundación ETNOR. www.etnor.org

- Fundación Eroski. https://corporativo.eroski.es/responsabilidad-social-empre-sarial/medio-ambiente/

- Fundación Forética. www.foretica.es

- Fundación + familia. www.masfamilia.org

- Fundación ONCE. www.fundaciononce.es

- Instituto de la Empresa Familiar. www.iefamiliar.com

- ESADE. Instituto Persona Empresa y Sociedad. www.esade.es

- Intermon Oxfam. www.intermonoxfam.org

- Observatorio de la Responsabilidad Social. www.observatoriorsc.org

- Pacto Mundial ASEPAM. www.pactomundial.org

- Premios MSD. www.msd.es

- Reputacion, marca y RSC. www.telefonica.es

- Universidad Nacional de Educación a Distancia. www.uned.es

- Universidad Rey Juan Carlos. www.urjc.es

- Universitat de Valencia. www.uv.es